calmness
creating peace of mind

人にも自分にも振り回されない

動じない心のつくり方

曹洞宗徳雄山建功寺住職
枡野 俊明

SB Creative

本書は、小社より2012年4月25日に刊行された文庫『頭が冴える禅的思考』を再編集したものです。

まえがき

なぜあの人は、いつも余裕があるのだろう。

トラブルが発生しても慌てず、商談が上手くいかなくても落ち込まず、時間に追われていてもイライラしない。常に落ち着いていて、最後には結果を出してくる。

周りの人にも、時間にも、自分の気持ちにさえ振り回されている自分と、いったい何が違うのだろう。そう思ったことはありませんか。


彼らが持っているのは、「動じない心」です。

そして、動じない心は誰でもつくることができます。

意志の強さも、性格も、才能もいりません。

「動じない心」をつくるたった一つの方法、それは、物事をシンプルに考えることです。

悩みを抱えたり、周りの影響を受けたりするのは、多くのことを同時に考えすぎているからです。

例えば、商談が上手くいかないと落ち込むのはどうしてでしょう。周りからの評価が下がるから？　それとも、自分の能力が発揮できなかったからでしょうか。できなかった自分への怒りもあるかもしれませんね。

「動じない心」を持つ人は、そのようなことは考えません。

彼らは、今やるべきことだけを考えています。目の前にある仕事を積み重ねていけば、最後には本当の成功にたどり着くと信じているのです。

21世紀最大のイノベーターである、スティーブ・ジョブズもそうでした。

スティーブ・ジョブズは一日にしてアップル社を成功に導いたのではありません。まさに紆余曲折を乗り越え、たどり着いた。

その道のりは、決して楽ではなかったはずです。失敗や困難も数多く経験したでしょう。しかし、最後には成功にたどり着くと信じて、ひとつひとつの仕事をこなしていきました。

このように「動じない心」を持っていたジョブズは、禅を深く学んでいたことでも知られています。自分の信じた道を歩み続けるというジョブズの生き方は、まさに禅のシンプルな考え方に通ずるものがあります。

とはいえ、「どうしても多くのことを考えてしまう。」「シンプルに考えるには、どうしたらいいのだろう。」と感じている方も多いと思います。

そんな方のために、今回私は筆を執りました。

本書は、働き盛りの方々が、日々抱えやすい問題に答えるというQ＆A形式をとっています。もちろん、これはあくまで一つの答えです。

禅の教えというものは、答えをハッキリと示すものではありません。

仕事や人生のノウハウを説くものではけっしてない。すべての禅語や問答は、人生のヒントとなる多くの知恵を蔵していますが、結局はそのヒントから自らが学び、気づき、活かしていくしかないのです。

しかし、まずは本書に出てくる答えを真似していただければ、シンプルに考えるコツが身についていくと思います。

この本が、「動じない心」をつくる手助けになり、あなたの人生が少しでも楽になれば幸いです。

合掌

令和六年二月吉日
建功寺方丈にて
枡野俊明

〔目　次〕

第1章

自分を考える

いつも「いい状態」でいるために

仕事を考える

いつも「いい働き」ができるために

第3章 人間関係を考える

いつも「いいつながり」を築くために

第4章 幸せを考える

いつも「いい心もち」でいるために

第5章 生き方を考える

いつも「いい1日」を過ごすために

第1章

自分を考える

いつも「いい状態」で
いるために

Q
発想に限界を感じています

A
小休止を有効活用する

●デスクにくぎづけではないですか

庭園のデザインをしていると、しばしば迷いが生じることがあります。この大きな石を、庭園のどこに配置すべきかと、庭と石を交互に見ながら必死になって考える。

しかし、どんなに考えても、しっくりいかないことがよくあります。

そんなとき、私は石のことを考えることから一度離れるようにします。

石を配置する作業をやめて、別の作業に専念し、その日は家に帰るのです。

そうして家で湯船に浸かっていると、「そうだ！　あの場所に配置するのがいい」という具合に、ひらめきが突然やってきます。対象から一度離れてみると、あることをきっかけに意識の中に別の考えが浮かぶことがある。これがひらめきというものだと思います。

アイデアや方策をひねり出そうと、デスクで唸っている。何種類ものアイデアを考えるけれど、どれもしっくりこない。

そんな経験は誰にでもあるでしょう。いいアイデアは、そういうときには生まれません。そういうときは、一旦、アイデアを考えることをやめることです。その日はもう考えることをやめて、他の仕事に専念してみる。時間的に余裕がないなら、せめて1時間くらいは離れてみることです。

だいたい、**人間はそんなに長い時間、一つのことに集中できるものではありません**。何時間もデスクにくぎづけになって考え続けることなどできやしない。

集中できるのは、せいぜい1時間弱くらいのものです。後はたいてい考えているフリをしているだけです。

集中に関して言えば、坐禅の時間がいいヒントになると思います。

坐禅は禅僧にとってとても大切な修行ですが、1日中坐禅に集中することはできません。いくら神経を研ぎ澄ましていても、そこには限界があります。先人たちはそのことを知っていたのかもしれません。そのためか、坐禅には「一炷」という単位があります。これは1本の線香が燃え尽きるまでの40分くらいの時間を表しています。

そして1本の線香が燃え尽きると、「経行」という時間をもちます。坐禅を解いて、ゆっくりと呼吸を整えながら静かに歩く時間のことです。

僧堂の中をみんなで足並みをそろえて歩く。この「経行」がとてもいい気分転換になるのです。**いってみれば小休止ということですが、これで身体の凝りがほぐれて、新たな気持ちで再び坐禅を組むことができるのです。**

この坐禅の修行は、皆さんにとっても大きなヒントになると思います。どんな仕事でも、本当に集中できるのは1時間がせいぜいです。集中が途切れたと感じたら、無理をせずに小休止を取ることです。考えることに煮詰まってしまったら、たとえわずかでもそこから頭を放すこと。

できることならば、身体を動かしましょう。ゆっくりと歩いたり、軽い体操をしたりする。身体を動かせば、自然と呼吸が活発になります。

呼吸というのは精神と密接に関わっていますから、頭をリフレッシュしてくれる。もしも身体を動かすことが無理ならば、大きく深呼吸をするだけでも効果はあります。

「ひらめき」というものは、意識すれば出てくる類のものではなく、心身が整ったときに、無意識の中から出てくるものです。

そして「一度離れる」という行為は、とても大事な行為なのです。

2

Q 人からもっと認められたいのですが

A 褒め言葉を意識して使う

◎他人を認めていますか

人には褒められると嬉しくなるという特性があります。褒められて怒る人はまずいません。

周りから認められ、褒められたい。そう思うのなら、まずは自分が相手を認めることです。他人をけなしてばかりで、認められたいと願うのは無茶な話。相手を褒めたり認める言葉はキャッチボールのように返ってくるものです。

「あなたはこういうところがすごいですよね。見習いたいと思っています」

相手にそう言えば、「いやいや、あなたこそすごいですよ」という言葉が必ず返ってきます。はたから見れば、何だか滑稽に見えるかもしれませんが、じつは、これこそが人間関係で大切なことだと思います。

相手から「すごいですね」と言われる。こちらは嬉しくて、相手を褒めようとします。そうすれば相手の美点を探そうとするでしょう。**相手の長所を見つけるという行為は、互いの長所を見つけ合う行為でもありますし、じつは自分自身が新しい発見をしているということでもある**のです。

そして長所を探すという行為はとても重要なことです。

私は庭園デザイナーとして伝統的な日本庭園を造っていますが、この場合、木や石を人の手で加工することはしません。

あるがままの姿で庭に配置していく。形や大きさがバラバラな素材の個性を、しっかりと見極め、その素材がいちばん輝くように配置していくのです。

「木心を読む」「石心を読む」という言い方をしますが、まさにそれぞれのいい部分を見つけ出すという作業なのです。

人間関係にもこれが当てはまります。人にはそれぞれ個性があります。それらは互いに比較するべきものではなく、各々（おのおの）で光を放つものだと思うのです。その光をしっかりと見つけ、そこを褒めてあげる。互いに別々の光を発しながらも、認めてあげる。

それでこそ、すべての人間が活かされることになる。

もちろん人には短所もあります。そんなことは当たり前です。しかし、欠点の裏側には長所が隠れているのです。

相手の個性を変えるのは無理ですし、それでは人格を傷つけることにもなりかねません。互いに丸ごと認め合う関係を築くことが大事なのです。

そのためには、人を褒める人間になることです。

褒め上手になることは、周りの人間を輝かせることでもあります。それはほんの少しの心掛けでできます。部下に一言声をかけてあげることでいいのです。

「君はこの頃よく頑張っているね」「あの仕事はとてもよくできていたね」もしも上司からこのように褒められれば、部下たちは「部長は見ててくれたんだ。よし！　もっと頑張ろう」と思うでしょう。

子育てもこれと同じです。褒めるということは、すなわち受け入れるということだからです。

たまには厳しく叱るのも大事です。ただし、叱る言葉だけを放り出してはいけません。現代社会では、どうも言葉が足りないような気がします。「お前はダメだ」という一言だけを放り出して、あとの言葉をつなごうとしない。良いか悪いかの結果だけを投げつける。欠点だけを指摘する。そこには温かな人間関係は生まれません。

もっと相手の美点を見ることです。

他者の長所を探すという行為は、自身の長所を振り返ることと同じなのですから。

3

Q 才能がないと思えてなりません

A 自分の道を迷わず進み続ける

才能のある人など一人もいない

輝くような才能を発揮して活躍する人たちがいます。そういう人を横目で見ながら、どうせ自分には何の才能もないのだと嘆く人もいる。

そんな人を見るたびに、何ともったいないと私は思ってしまいます。

生まれながらにして、素晴らしい才能をもっている人間など一人もいません。

もちろん大きな身体に恵まれて生まれてくる人もいますが、しかし、そういう人がみんな力士になれるとは限りません。

その中で力士になれるのは、相撲が大好きで、毎日強くなるためにコツコツ努力をしてきた人たちです。

つまり**才能というものは、もともともっているものではなく、自らの努力で開花させるもの**だと思うのです。

言い換えれば、すべての人間には才能が備わっています。そのことに気づいて、長年にわたって努力をして、初めて一つの才能が開花するのです。

そのことに気づかなかったり、あるいは途中であきらめてしまったら、せっかくの才能は台無しになってしまいます。

肝心なことは、自分の中に眠っている才能を信じること。

そしてもう一つ、**才能とは他人と比較するものではありません**。

やたらと比較をするから、情けないと感じてしまう。イチロー選手と比較しても仕方がないし、スティーブ・ジョブズと比べたところで何にもならないでしょう。尊敬する人から学ぶことは大切なことですが、同じように生きようとはしないこと。他人の人生をなぞるより、自分の道を歩くことです。

才能を開花させるただ一つの方法、それは続けるということです。

「面壁九年」という言葉があります。禅宗の初祖・達磨大和尚は中国の少林寺で壁にひたすら向かって九年間も坐禅を組んでいたそうです。その結果として悟りを開くことができた。まさに継続は力なりとはこのことです。

さまざまな分野で、人間国宝として評価される人たちがいます。和紙を50年間も漉き続けた職人。来る日も来る日も土と向き合ってきた陶芸家。あるいは90歳を超えてもなお踊り続けている舞踊家。世間ではそういう人たちを才能に恵まれた人間だと評価している。

しかし当の本人たちは、口をそろえて言います。

「私に才能なんかありません。ただ、これが好きで、何十年も続けていたら、いつの間にか人間国宝になっていたのです。他には何もできないのですから」と。

とても奥深い言葉だと思います。この一言に、才能の正体があるように思います。そして彼らに共通していることは、**自分に与えられた道を、迷うことなく歩き続けたということ**なのです。

これこそが自分が歩むべき道だと思えること。その道をひたすらに歩き続けることです。

たしかに会社という場所では、日々の成果が求められるものでしょう。嫌なことも引き受けなくてはならないし、つまらない上司から才能がないと言われたりもするかもしれません。でも、その程度のことで落ち込む人というのは、根本から自分の才能を信じていないのです。

本気になって自分が信じた道を歩き、努力を重ねる。そういう人間に対して、周りは何も言えないはずですし、その姿勢は必ず評価されると私は信じています。壁に向かってひたすら坐禅を組む達磨大師に向かって、おいそれと言葉をかけることはできない。それと同じことです。

4 Q 口下手で困っています

A お決まりの言葉より思いやりの言葉

●「心からの言葉」を使っていますか

ビジネスでもプライベートでも、人との関わりにおいて、大切なのが会話でしょう。メールなどの伝達手段がどんなに発達しようが、言葉のやり取りなくして人間関係は築けません。

互いに温かな言葉のやり取りがあってこそ、人生は豊かなものになる。私はそう信じています。

「ビジネスライク」、もしくは「ビジネス会話」という言葉があります。

ビジネスを進めていく上では、感情的な言葉や会話はいらない。あくまでも客観的な言い回しに終始する。それこそ効率的でもあると。はたして、本当にそうでしょうか。

確かにビジネス上のやり取りに、余計な感情を挟む必要はないのかもしれません。

取引をする、しない。商品を買う、買わない。そういう結論を互いに出すことがビジネスであり、それ以外の言葉は不要という考えもあるでしょう。

余計な気持ちを挟んでいれば、それこそスピード化の時代では取り残されてしまいます。


ただし、人間は機械ではありません。ですから、同じ条件下で交渉したとしても、それぞれの人間で結果が違うはずです。

90％の結果を出す人間もいれば、40％しか出せない人間もいる。こういった差をできるだけ出さないように、「ビジネスライク」という手法を取るのではないでしょうか。

でも私は思います。**そういう「ビジネスライク」の発想では、どう頑張っても80％の結果しか出せないはず**だと。それを90％にするには、やはり人間の心からの言葉が重要になるのではないかと。

たとえば取引先と交渉をしている。かなり厳しい内容で、こちらも引けない。ギリギリのところでのやり取りをするが、交渉は決裂し、場の雰囲気は重たくなる。相手が帰ろうと椅子を立ったとき、少し表情を和（やわ）らげて言葉をかける。

「咳をされていましたが、お風邪ですか？　寒いですから気をつけてお帰りください」

もしもこのような言葉をかけられたとしたら、相手はどう感じるでしょう。

今回の交渉は決裂だったが、いつかこの人と仕事がしてみたいと思うのではないでしょうか。そして次の交渉のために、その人は真剣に条件を見直したりもするでしょう。

「気をつけてお帰りください」この一言が結果を押し上げる「人間の心」なのです。

仕事の最中はビジネスライクで構わない。ただ、それだけで終わらず、温かな言葉をそっと添える。

それこそが生きた会話であり言葉です。**心をほぐすという行為は機械にはできないのです。**

「愛語」という言葉が道元禅師の『正法眼蔵（しょうぼうげんぞう）』の中にあります。「触れ合う人に対して、思いやりの心をもって、相手の気持ちを察し、優しい言葉をかける。そのことをいつも心に留めておきながら語る。それが愛語である」と。

感情的な言葉のやり取りや、反対に氷のような冷たい言葉で相手を説き伏せることもビジネスシーンではあるかもしれませんが、すぐさま感情を表に出すのではなく、一度お腹の中に落とし込み、この「愛語」を探してみてください。

相手にあなたの心がきっと伝わるはずです。

5

Q チャンスに恵まれていない気がします

A 小さなきっかけを見逃さない

◎運は万人にきちんと訪れています

運がいい悪いという言い方をよくします。それは何となく変えようのないものと捉えられていて、人間の力が及ばない世界のように思われがちです。

しかし運というものは、じつは自分自身で変えられるものだということを知っておいてください。

「ご縁」という言葉があります。人間関係、仕事、恋愛、結婚、私たちはご縁を結んだからこそ関わり合うことができる。

私たちは、それを**「因縁を結ぶ」**という言い方をします。「因」というのは「原因」のこと。何か原因があるから、ご縁を結ぶことができる。そして善きご縁を結ぶには、その原因をつくり出す普段の努力が大切ということです。

また、ご縁というものは万人に平等にやって来るもので、たとえれば、それは風のようなものです。誰の所にも風は平等に吹く。その風を自分が持っている帆で受け止められるかどうか。風が吹いたとき、帆をピンと張っていなければ船は前に進みません。風をやり過ごしてしまうことになる。それゆえ日頃から帆を張っていなければならないのです。ならば仕事などで帆を張るにはどうすればいいか。それには初めに訪れた小さなチャンスを見逃さないことです。

上司が「誰かこの仕事をやってくれないか」と言ったとします。あまり重要な仕事ではなく周囲もやり過ごそうとしている。そのときに、真っ先に手を上げ、「私にやらせてください」と言う。

小さな仕事。それはそよ風のようなものかもしれない。それでもその風を受け止めて、少しでも前に進もうとする。そういう姿勢こそが大事です。初めに受け止めたそよ風は、やがては大きく力強い風になっていく。

つまりは、どんどん大きな仕事を任されるということになるのです。この状態を称して**「縁起がいい」**というのです。

縁起というのは、字の如く**「一つの縁を起こす」**ということ。

つまり、ご縁を結ぶ行為を始めるという意味でもあります。ですから最初の縁は大事にしなければなりません。最初にいい縁を結べば、次々にいい縁が訪れます。最初の小さな仕事であっても一所懸命取り組めば、必ずや重要な仕事が任されるようになるものです。

逆に、初めに悪い縁を結ぶと、その縁はあなたを悪い方向へ引きずっていきます。損得勘定ばかりで仕事をしていれば、やがて自分の周りには損得しか考えない人間しかいなくなる。それでは幸せな人生にはなりません。

「自分は仕事の運や縁に恵まれない」と嘆く人がいますが、**恵まれない原因は誰のせいでもなく、その人自身の縁の起こし方にある**のです。

日頃から怠らず努力を重ねることです。いつ小さな風が吹いてきても受け取れるよう、柔軟な心をもつことです。

人間関係もしかりです。あの人と一緒に食事をしたいな。そう思っているのなら、真正面からぶつかることです。心をこめてぶつかってみる。断られることを怖がってはいけません。もしもうまくいかなかったときには、その人とはご縁がなかったと思えばいいのですから。縁というものは、自分自身が生み出すものです。

皆さんも元旦に初詣に行くと思いますが、あの初詣の意味とは、前の年に結んでしまった悪い縁を切り、新しく善き縁を結ぶという覚悟を示すこと、すなわち「善き縁を結ぶように努力します」と誓うことなのです。

悪い縁を、誰かのせいにしてはいけません。

Q 仕事が向いてないように思います

A 自分で自分にレッテルを貼らない

「ねばならない」と思っているだけ

「タイプ」という言い方があります。「私はこういうタイプだから、この仕事は合わない」「あの人とはタイプが違うから、付き合えない」などなど。

タイプって一体何でしょう？

それは結局、自分勝手にレッテルを貼っているだけにすぎないのです。自分はこうだと決めつけることで、ある種の安心感を得ているのではないでしょうか。

仕事がうまくいかなければ、自分というタイプには合わないからと考えることで言い訳をする。都合の悪いことをタイプのせいにしている。それだけのことではないかと思います。

人間にはもともとタイプなどありません。

人間はそんな簡単にグループ分けできる単純な存在ではないはず。あらゆる人間には素晴らしい可能性があり、変化していくだけの能力が備わっているのです。

そうした能力を「タイプ」という言葉で放棄してしまうのはじつにもったいないことです。

「柔軟心（にゅうなんしん）」という言葉が禅にはあります。読んで字のごとく、人間には柔軟な心が備わっているという意味です。

物事を判断するとき、人はとかく自分が置かれている立場や都合によって判断をしがちです。これが「自我」というものです。執着や偏見に凝り固まった自我から脱却して、もっと自由な心を持つことです。

「自分のタイプじゃありません」などと言って、やる前から仕事を否定しない。向いているか向いていないかを考える前に、まずは真剣に取り組む姿勢こそが大切です。

向いてないと思っていた仕事で大成功することもある。とても無理だと思っていたことも、地道に努力を重ねるうちにどんどんできるようになっていく。

これは人間関係も同じです。とにかく自分で自分にレッテルを貼ってはいけません。それはすなわち自分自身の可能性にふたをすることでもあるのです。

生活習慣におけるレッテルも同じです。現代では、やたらと「ねばならない」と思い込む人が多いような気がします。

「健康のため運動をしなければならない」「煙草やお酒は控えなければならない」「食事は何キロカロリーまでにしなければならない」……。

とにかく「ねばならない」に縛られ過ぎている。

もちろん規則正しい生活をすることは大事ですし、酒、煙草も控えた方がいいに決まっている。

しかし、あまりにもそれに執着し過ぎれば、それが却ってストレスを生むことにもなる。よかれと思ってやっていることが、逆に悪影響をもたらすこともあるのです。

たとえばウォーキングにしても、体調が悪いのに無理して歩くことはありません。朝食で食べる物をきっちり決めている人もいますが、旅行に行けば同じ食事はできません。

それは逆にストレスになります。

健康のために貼った生活のレッテルが、結局義務になってしまう。これでは本末転倒です。

「ねばならない」という考え方も、言い換えれば強烈な自我です。**自我を持つことも場合によっては大切ですが、それが強すぎると自由な発想は失われていきます**。変幻自在かつ柔軟な心をもつことで、新しい可能性に出合うことができる。

まずは自分自身が勝手に貼ったレッテルを、すっきりと剥がしてみてください。

7

Q

物事が続かなくて悩んでいます

A

「まぁ、何とかなるさ」の気持ちをもつ

◎真面目すぎるのです

最近の若い人は、メンタル面が弱いとよくいわれます。上司がちょっと叱ると、しょんぼりしてしまう。

もしくは、そのことがきっかけで会社を辞めてしまったりもする。確かに豊かな社会になり、昔ほどの根性はいらなくなったのかもしれません。しかし、原因はそれだけではないと思います。

いまの若い人たちは、とても生真面目です。

指示されたことは絶対やり遂げなくてはならないと思っていますし、達成できなければ自分を責めたりもする。

しかし、他人に責められるより、自分で自分を責めることの方が苦しいものです。そうしていれば、次第に精神的にも追い詰められていくことでしょう。

もっと「いい加減さ」を身につけることです。

「いい加減さ」というのは、何もさぼったり、手を抜くことではありません。それは、どこかでフッと力を抜くということ、自分にとっての**「ほど良い加減」**を知っておくことです。

与えられた仕事を100％達成しようとする気持ちは、とても大切です。最初から手を抜こうとしてはいけません。

ただし、常に100％計算どおりに進むことなど滅多にないのではないでしょうか。大抵の場合、上司が部下に仕事を与えるときには、部下の実力以上の仕事を与えたりするものです。簡単に達成できるような仕事ばかりを与えていれば、部下の力が伸びないからです。将来に期待するからこそ、無理を承知で高い目標を与えたりもする。

１２０％の努力をしたけれど、80％しか達成できなかった。よし、次こそ１００％を目指そう。この繰り返しが仕事というものではないでしょうか。

達成できなかったことを真摯に受け止めた上で、ある種の「いい加減さ」をもってバランスを取る。そういう術を身につけることです。

悩みというものは、大きく分けると三つあります。一つ目は、自分が努力することによって解決できるというもの。事務処理が遅いとか、書類作成が苦手とかというものは、自分の努力で解決できます。

二番目は、悩む必要のない悩みです。海外旅行に行ったり、新車を買いたいけどお金がない。こういう悩みは単に人生を無駄に過ごしているようなもの。すぐにでもそんな欲を捨てて、もっとやるべきことに気持ちを集中させることです。

さて、大切なのは三番目の悩みです。それは、自分自身の力や努力ではどうしようもない類のもの。人生にはそういう悩みが必ずあります。災害に見舞われたり、突然病を患ったり、それはつらく苦しいものです。

こんな悩みには、どう対処すればいいのでしょうか。そんなときは、無理やり解決しようとせず、自然の流れに身を任せてしまうことです。

「任運自在」。世の中のすべてのものは、自らが運び動いているという意味です。春になれば花が咲き、秋になれば葉は落ちる。人知の及ばない自然の中で、私たち人間も生かされている。

ならばそれに逆らうことをせず、流れに身を任せてみる。そうしていれば、現在の悩みも、いつしか薄らいでいく。そういう考え方です。

「あがいても仕方がない。まあ、何とかなるさ」こんな気持ちも、また大切なものです。

どうしても自信がもてません

A 選択したことに覚悟を決めて取り組む

努力が足りていないのでは

自信には、二つのことが含まれると思います。

一つは、具体的に何かが「できる」という自信。

「運動には自信がある」「英語には自信をもっている」などがこれです。これらの自信を身につけるためには、コツコツと努力をして、小さな成功体験を積み重ねることです。言い換えれば、こうした自信は努力さえすれば誰もが手に入れることができるものです。

「仕事に自信がもてない」「人づき合いに自信がない」こんな声をよく聞きますが、それは努力が足りないのかもしれません。

仕事に自信がないと嘆く前に、必死になって目の前の仕事に取り組むことです。他人と比較するよりは、一年前の自分と比べてみることです。一所懸命に努力をしているのなら、一年間で必ず成長を遂げているはず。

何も変わっていないというのなら、努力をしませんでしたということと同じです。

人づき合いに自信がないのなら、聞き上手を目指しましょう。自己主張を控え、相手の気持ちを分かろうと努力をすること。

笑顔と思いやりある言葉をもって人と接してさえいれば、人間関係は必ずうまくいくものです。

こういった、何かが「できる」という類の自信は、自分の力で築いていくべきものです。

もう一つの自信とは、読んで字のごとく「自分を信じる」ということ。

いま自分がいる職場が自分の居るべきところ、いま自分がやっている仕事が自分のやるべき仕事。

つまりは、いまある自分を全面的に肯定し、目の前にあることに集中する。それこそがもう一つの自信となります。

20代などでは、人はあちこちに目が行くものです。

やりたい仕事は本当にこれか?

この会社で頑張るのが本当にいいのか?

もっと他の道があるのではないか?

そんな迷いが覆いかぶさってくることでしょう。

しかし、30代、40代にもなれば、迷っている場合ではありません。いつまでも子どものようなことを言っているより、覚悟を決めることです。


いまの仕事が100%自分に向いている。そんな幸せな人は一握りです。ほとんどの人が現状に不満を抱えています。

しかしながら、**100%向いていない仕事を人は選びません**。

100%ではないにしても、向いていると思ったからこそ、いまの仕事や会社を選んでいるはずです。ならば覚悟を決めて、いまやるべきことに心を尽くすこと。

「これが自分の生き方なのだ」と自分を信じて、一所懸命に努力をすることです。

人生は選択の連続です。そして一つを選ぶことは、他のものを捨てることでもあります。

同時にたくさんのものを手に入れることはできません。

選択しなかったものをいつまでも悔やむような生き方はするべきではないのです。

いまあなたが立っている場所、そこがあなたの生きる場所です。

いまやっている仕事、それがあなたのやるべき仕事です。これらをまず信じること。

迷うことなく、覚悟をもって自分を信じることが何より大事なことです。

Q 自分の価値が見出せません

A 自分の命を「借り物」と思ってみる

●あなたの「命」は誰のものでしょう

自分とは一体何なのだろう？　自分の存在意義は何なのだろうか？

多くの人がこういう疑問を持つ瞬間があることでしょう。そしてこれらの疑問や悩みは、じつは大昔から私たち人間が自問自答してきたことでもあります。この問いかけに対し、瞬間的な答えは見つかるかもしれませんが、真理となるような明確な答えを見つけた人はいません。おそらくは、永遠に答えが見つからないことでしょう。

自分とは何者なのかという答えを探すより、ここではまず、根源となる「命」について考えてみましょう。命とは一体何なのか。

多くの人たちが、自分の命は自分のものだ、と考えがちです。

たとえば大酒飲みの人に、「あまりたくさん飲むと身体を壊してしまいますよ」と言えば、「私の身体なのだから、どうなろうが自分の勝手だ」と言う人がいます。自分の命をどうしようと自分の自由といった考えですが、その考え方の延長線上に、自殺というものがあるのでしょう。しかし、これは大きな誤りです。

自分の身体だと言うのならば聞きますが、あなたの手足や心臓や肺は、あなた自身がつくったものでしょうか？

あなたのその身体は、ご両親から頂いたものです。ご両親がいて、祖父母がいて、さらに会ったことのないご先祖様から延々と受け継がれてきた身体であることを忘れてはいけません。

さらに言うならば、いまこの瞬間にも一所懸命に動いてくれている心臓や肺。それらはあなたが動かしているのでしょうか？

違います。あなたが何もせずとも、身体中の臓器があなたを生かすべく、休むことなく動いてくれている。

そうです。**私たちは自分の力で生きているのではなく、大きな力によって生かされているのです。**

命とは受け継がれたもので、自分の代から10代遡(さかのぼ)れば、そこには１０２４人ものご先祖様の存在があります。さらに20代遡れば、ご先祖様の数は１００万人を超えるといわれている。もしもその中の一人でも、自分の命を粗末にする人がいたとすれば、いまのあなたの姿はありません。

そう考えれば、いまあるあなたの存在は、価値が見出せないどころか、まさに「奇跡」と呼べるものなのです。

仏教の世界では、命というのは仏様からの預かりものとされています。仏様があなたに命を与える。その命を大切に生き切って、やがては仏様にお返しをする。それが生きることだと考えられています。

預かったものですから、それは大事に扱うのが当たり前です。誰かからの大切な借り物ですから、丁寧に扱うのは当然です。借りた物をボロボロで返すわけにはいきません。命もそれと同じなのです。いずれは仏様に返さなければならないのですから、それまでは大切にしなければならない。そんな意識をもてば、もっと自分の身体を大事にするはずです。けっして粗末にはできないはずです。

仏様からお借りしている命――。自分に価値が見出せないという人は、ほんの僅かの時間でもいいから、このことに思いを寄せてみることです。

仏様から預かっている命は、いずれお返しする時期がやってきます。それも、たった数十年しか預かることはできない。だからこそ一日一日を大切にしなければなりません。

「ああ、今日も私は生かされているんだ」と感謝をすること。

その意識の積み重ねが、あなたの人生を確実に豊かにしていくはずです。

Q 気がつけば常識に縛られています

A 常識より自分の心と向き合ってみる

常識を盲信していませんか

相変わらず「お受験」の熱は冷めやらぬようです。中学受験などは当たり前で、幼稚園のときから我が子に勉強をさせ、有名小学校に通わせようとする。

それが我が子のためと信じて親は力を尽くしているようですが、本当にそれは子どものためになっているのでしょうか。

その「当たり前」の道を順調に歩めた子は別として、その道を歩めなかった子は「当たり前」の人間ではないのでしょうか。

「当たり前」とは、一体何を指すのでしょう。

この「当たり前」や「常識」という思い込みにとらわれている人はかなり多いように思います。しかしそれらの常識がすべて正しいものではありません。

金融業界で仕事をする人には、知っていて当たり前の専門用語ややり方があるでしょう。永田町には政治家だけの常識、霞が関には官僚たちだけに通用する「当たり前」が存在しているはず。どんな業界にもそれはあります。

しかし、それはあくまでもその世界だけの常識であって、世間一般の常識ではありません。

そう思えば、いま世間にある常識の多くも、じつは当たり前ではないということにならないでしょうか。

こういった「常識」や「当たり前」にとらわれてしまうと、視野がどんどん狭まります。

あなたの周りでも、この二つが大手を振って歩いているかもしれません。

部下が新しい提案をすれば、上司はすかさず言うでしょう。「常識からいって、そんな方法無理に決まっている」「この方法でやるのが当たり前だ」と。

どうして無理で、なぜ当たり前なのかの説明もなく、そうだと決めつけてしまう。こんな状態が続けば、部下もやがては「当たり前」に慣れてしまうことでしょう。そう思い込んだ方が上司に気に入られるからです。しかし、こうして固定化された「当たり前」や「常識」が踏襲されれば、やがては職場ががんじがらめになっていくことでしょう。

「当たり前」という言葉を聞いたとき、すぐに納得してはいけません。

もう一度自分の中で「本当に当たり前なのだろうか」と考えてみることです。**当たり前と常識の中にいれば、新しい発想やアイデアは浮かんではきません。**

そんなときは、せめて周りの風景を眺めてみることです。

禅の世界には、「常識」や「当たり前」というものは存在しません。私たち僧侶は決まった時間に坐禅やお勤めを行いますが、独りで修行を続けるのであれば、いつどこで坐禅を組もうが、それはその人が決めることです。

何ものにもとらわれずに、いつもあるがままの姿でいること。世間の評価や常識にとらわれず、常に自分自身に宿る仏と向き合うこと。そうした禅の考え方を、日常の中に少しでもいいので取り入れてみてください。

そしてもう一つ。「当たり前」という意識は、過去の経験の積み重ねから生まれます。つまり、いろんなものを足していくことでできあがります。経験を足すことは大事なことですが、**延々と足し算をしていくと、やがて本質が見えなくなってくることも多いにあります**。ここに落とし穴があります。

「当たり前」や「常識」とぶつかったとき、そこから引き算をしてみてください。「当たり前」にくっついている余分な皮を一枚ずつ剝がすように、常識を見つめ直すのです。

そして最後に見えたもの。それこそが、あなただけの「当たり前」なのです。

11

Q いつも早く正解を知りたくなります

A 明確な答えは、一つではない

もともと正しい答えなどないのです

仕事でも人生でも、現代人はすぐに答えを知りたがります。また、自分が出した答えを、これだけが正解なのだと相手に押し付けようともする。

答えをすぐに求めたい気持ちも分かりますが、その前に自分の心によく問いかけることもとても大事なことです。

こんな話があります。二人の僧侶が境内に座っていました。

ふと見ると、境内の幡（旗のようなもので、仏教行事の際に用いた）が風に揺れてはためいていた。一人がその様子を見て言いました。「幡が動いているけれど、動いているのは幡ではなく風だ」と。するともう一人がそれに異を唱えます。「いや、実際に動いているのは幡そのもので、風ではない」と。

果たしてどちらが答えなのか。二人は自分の考える答えを譲ることなく、ついには言い争いになりました。

そこに師が通り、二人の話を聞いた師は言いました。

「動いているのは幡でも風でもない。お前たちの心なのだ」と。そしてその場を去っていったのだそうです。

二人の主張は、どちらも正しいし、どちらも間違っているともいえる。大切なことは、答えは常に一つではないということに気づくこと。そして自分と異なる意見に素直に耳を傾けること。師はそう教えたかったのです。

互いに意見を押し付け合っていると、本質がどんどん見えなくなってきます。答えを出すことだけが目的となり、どうして答えが必要なのかが分からなくなる。

一つの答えに固執して、大切なものを見失ってはいけません。

日本人は昔から、「曖昧さ」というものを大事にしてきました。白黒をつけずに、何となく灰色のままに物事を進める。この「曖昧さ」を鎹（かすがい）として人との関係性を保ってきたのです。明確な答えを求めがちな西洋人にすれば、自己主張のない民族と思うでしょう。

しかし日本人の「曖昧さ」は、けっして弱さや主張のなさではありません。一つの答えを求めない心こそが、優しさや思いやりといった美意識を育んできたのだと私は思っています。

そして、人生とはいかにも曖昧なものです。明確な答えなどほとんどありません。**いまの会社で正解だったのか、いまの伴侶で合っていたのか、そういった問いに対する答えはないのです**。あるはずのない答えを強引に求めれば、それは苦しみに変わっていきます。

それゆえ、あえて答えを追求しないという曖昧さが大切なのではないでしょうか。

禅問答は、そういったことに気づくためにあります。

「狗子仏性（くしぶっしょう）、有りや、無しや」と弟子が師に問います。「狗子」というのは「犬」のこと。つまり、「犬にも仏心というものが有ると思いますか。それとも犬には仏性など無いと思いますか」と問うわけです。これに対し、師は「無」と答えます。

しかし、この「無」は「有る」「無し」という単純なことをいうのではなく、絶対的な「無」のことをいっているのです。このような一般の人には分かりにくい問いかけを延々と続けていく。それが禅問答なのです。これは単純な答えを導き出すことではないし、答えを導き出すことを放棄するということでもありません。

肝心なことは、人生には明確な答えなどないことを知ること。本来の自分の心と向き合って、けっして一つではない多くの答えを探すこと。その過程こそが大事だということです。人生の中に、答えはいくつもあります。そのひとつひとつが、さざれ石のように集まったものが人生なのです。

12

Q

過去の失敗が頭から離れません

A

「いま」やっていることになり切る

「いま」という瞬間がすべて

中国の唐の時代に趙州従諗（じょうしゅうじゅうしん）という有名な禅僧がいました。毎日たくさんの弟子がこの禅僧のもとを訪ねてきたといいます。

「悟りを開くにはどうすればいいのですか？」とある弟子はこう尋ねたそうです。その答えはいつも決まっていて「お茶を飲んでいきなさい」だったとか。

弟子は一服のお茶を御馳走になり「美味しかったか？」と聞かれるので、「とても美味しかったです」と答える。

さて、ようやく悟りについて教えをいただけると思いきや、禅僧は「帰りなさい」という。弟子は何も教えてもらえず、お茶を御馳走になっただけ。

これは有名な禅問答の一つです。禅師は何を伝えたかったのか。それはお茶を飲むときにはお茶を飲むことだけに集中すること。あれこれ考えるのではなく、いまやっていることだけに心をこめること。それが悟りに近づく道だと教えているのです。

これを表す言葉に「**喫茶喫飯**（きっさきっぱん）」というものがあります。茶を喫するには茶そのものに、飯を食うには飯そのものになりきることをいいます。仕事をしているときには仕事そのものになりきる、それが禅的な考え方です。

私たちは、結局瞬間にしか生きられません。日々流れる時間は連続しているかに見えて、それはじつは瞬間の積み重ねでしかないのです。

過去・現在・未来という言葉がありますが、禅の世界では「現在」しか存在しません。**「いま」という瞬間こそがすべてなのです**。

昨日という日はすでに過去です。一分前ですら同じです。あっという間に未来が来て、そしてあっという間に過去になっていく。

ならば、過去にとらわれることなく、来てもいない未来を憂えるのではなく、ただ「いずです。

ま」という一瞬を生き切る。そこに全力を尽くしていれば、後ろには必ず道ができるは

いまを蔑ろにして、適当に生きている人の後には、道などはできないものです。

「そのものになり切る」ということを、もう少し具体的にお話ししましょう。たとえば小説家などに聞くと、物語の書き始めには、頭で考えて書いているそうです。構成を意識しつつ主人公のセリフなどをつくる。

しかし、筆が進むと、作家として作品を書いているというより、いつしか作中の主人公と一体化してしまうのだそうです。そうすると時間などは忘れてしまい、ふと気がつくと、何時間も机に向かっていたりする。そういう瞬間が幾度となくあるそうです。これはまさに仕事そのものになり切った瞬間でしょう。

どんな仕事の中にも、こういった瞬間があるはずです。昨日の失敗や、明日の段取りばかりに気を取られるのではなく、いまの仕事になり切る時間。そんな瞬間をたくさん積み重ねていけば、結果的にいい仕事ができるのです。

過去にばかりとらわれている人は、身体が現在を生きていても、心が過去に生きてい

るのと同じです。つまり身体と心がバラバラになっていて、とても「いま」を生きているとは言いがたい。逆に、いつも未来への心配や不安に苛(さいな)まれている人は、「未来」という実体がなく、起こってもいないものにとらわれていて、無駄な時間を過ごしているだけです。こういう人も「いま」を生きるのではなく、「妄想」の中で喘(あえ)いでいるといえます。

「いま」という瞬間は、人生の中でたった一度きりのもので、二度と戻ってはきません。

「いま」に目を向けることが、「自分」を生きることでもあるのです。

13

Q 現在の境遇を嘆（なげ）いています

A 与えられた人生を必死で生きてみる

●場所がどこであろうが変わりません

人は死を目前にすると、いろいろな思いが巡るものだそうです。多くの人は後悔の念や思いを残したりします。

「あのとき、ああしておけばよかった」などと人生を振り返り、やり残したことを数えたりする。じつは、日々修行を重ねた僧侶でさえ、見事な最期を迎える人はあまりいません。

あるお檀家さんが亡くなったときの話です。

ご葬儀の打ち合わせに、息子さんがお寺にいらっしゃいました。故人はお年だったとはいえ、元気でいらしたので、後悔もあったのではとお察ししていました。

ところが、息子さんの話を聞いて、私は信じられない気持ちになりました。

「父は最期のとき『わが人生バンザイ！』と一言叫んで亡くなりました。この世に思い残すことはない。あたかもそう感じているかのように穏やかな表情で亡くなったのです」とその息子さんは仰っていました。

何と素晴らしいことでしょう。亡くなる瞬間「わが人生バンザイ！」と叫ぶことができる。

自分の人生を生ききったという確信があればこそではないでしょうか。

よく聞いてみると、その方は終戦後、満州から身一つで引き揚げ、大手自動車会社の購買の仕事に就いたそうです。

そして子会社へ移り、そこで自動車のロック・システムを生みだし、さらには日本で初めてのコインロッカーをつくったそうです。

そして趣味で行くゴルフ場で、その製品を使ってもらうことを思いついた。そして毎日のようにいろいろなゴルフ場へ通い、ゴルフを楽しみながら自社のコインロッカーを紹介して歩いたそうです。ついには、日本にあるゴルフ場のロッカーが、ほとんどがその方の考案したロッカーになったそうです。そしてその会社の社長、会長を務めるまで出世なさったそうです。

しかし、その人は出世したから「バンザイ！」と言ったのではありません。もともとゴルフが大好きで、その好きなことを通して社会の役に立つ物をつくった。そして自分がつくった物が多くの方々に喜ばれた。それが彼の喜びであったと息子さんは語っていました。

自分の与えられた仕事に一所懸命努力をし、そこで自分のやるべきことと出合い、気がつけば、自分にしかできない仕事をまっとうしていた。まさに自分の人生を生ききったという満足感。そんな満足感に包まれることこそ、人間の幸せだと私は思っています。

そして、こうした自分だけの生き方は、どんな仕事でもできるのです。大企業だとか、華々しい職業だとかは一切関係ありません。

どこにいようが自分の人生は生きられる。与えられた環境や、生まれ持った才能の中で、自分がやるべきことを一所懸命にやり切ること。それさえできれば、誰もが「わが人生バンザイ！」と叫びながらこの世を去ることができる。

どんな家庭を築き、どんな業績を残したかなどは、一つの過程にすぎません。それらは、自分の人生を生きてさえいれば、後から自然とついてくるものです。

人生は他人のものではなく、自分自身のもの。当たり前すぎるこの事実に、しっかりと目を向けることです。

誰もが後悔など残したくはない。最期には満足して世を去りたい。ならば、**いまやるべきことを必死になってやることです**。

人と比べたり、自らの境遇を嘆くのではなく、与えられたことにひたすら取り組むことです。

第2章

仕事を考える

いつも「いい働き」が
できるために

14

Q

仕事のやり方が通用しなくなっています

A

チームワークを見直してみる

一人で抱え込んでいませんか

日本人は、昔から「和」の心を大切にしてきた民族です。互いに助け合い、互いを思いやり、そして互いの意見を尊重し合う。そういう場の中にあって、誰もが必要とされ、それぞれが力を発揮してきました。

これを会社でいうならば、「チームワーク」になるでしょうか。同じ営業部という場に10人の社員がいたなら、かつてはそこに、それぞれの役割がしっかりとありました。営業の駆け引きが上手で、どんどんご新規を開拓していく者。営業トークは苦手だけど、戦略づくりは抜群という者。仕事の成果はいま一つでも、取引先の接待がものすごくうまい者。それぞれが自分の持ち場を果たしながら、チームとして実績を上げてきました。ところが現代社会では、すべての要素を一人が果たさなくてはなりません。戦略から接待まで全部乗り切らなくてはならない。そして、そういうことがこなせる、ほんのわずかな人間だけが評価されています。プロセスなどは無関係で、結果だけが求められる世界。

しかし、これは明らかに欧米型のやり方なのです。

米国などは多民族社会です。民族ごとに価値観も違うし、生活習慣や表現の方法も違う。そこでは、プロセスなどを評価することは到底できません。単純に結果を見るしか評価ができないのです。

やり方はどうでもいいから、とにかく結果だけ見せろ。そんな社会構造ができ上がっています。

戦後、日本企業はこのような欧米型の考え方に近づいていきました。その結果として、日本人が本来得意としたチームワークが崩れてしまったのです。

東日本大震災のあと、家や田畑を失ったにもかかわらず、多くの人々がその土地を離れようとはしませんでした。欧米人にすれば、とても不思議な光景だったそうです。もう住めないのなら別の場所を探せばいいではないか、どうしてそこまで執着するのだろうと。

しかし、これは明らかに狩猟民族の発想で、彼らと私たちの違いを端的に表していると思います。獲物を追いかけて生きてきた彼らは、獲物がいなくなればよその土地に移っていく。

これに対し、日本人は、集団で荒れ果てた土地を何年もかけて耕す。そうして開墾してきた土地を手放すのは、ご先祖様に申し訳が立たない。この気持ちは、おそらくは欧米人には絶対理解できない気持ちだと思います。

そして、開墾のような、みんなで行ってきた共同作業の仕事形態が失われれば、多くの人の居場所がなくなるのも当然のことでしょう。

会社であったとしても、助け合い、支え合ってきたやり方を失うのは、そうした歴史背景を持つ日本人にとって何よりも苦しいことなのです。

しかし、現代はそんな日本人の歴史ややり方に、もう一度目を向ける時期ではないでしょうか。日本人が育んできた「和」の心には、素晴らしい力が宿っているということを思い出すのです。

私はビジネスに精通しているわけではありませんが、いまこそ日本人のチームワークの力を取り戻すときだと思っています。グローバル化の時代といわれていますが、海外と同じやり方をしていたのでは無論勝つことはできないのですし、**グローバル化だからこそ、日本人にしかできないやり方を貫き通すこと**です。

すべての人には、必ず必要とされる居場所がある――。

禅ではそう教えています。

15

Q いいアイデアが浮かびません

A 自生活に不便さを取り入れる

●数値などのデータばかり見ていませんか

坐禅を組んでいるとき、私たち僧侶は何も考えていません。あれこれと考えず、なすがままにしておく。そして真っ白な状態に心を置きます。

頭では何も考えていませんが、身体では自然を敏感に感じています。

真冬には、今朝は冷えるなと思いますし、真夏には汗が流れるのを感じている。そういった感覚に集中するのです。

暑さや寒さには形がありません。目に見えませんし、頭で理解することでもない。それは人間の身体が感じ取るものです。

つまり、暑さも寒さも生きているからこそ感じることができる。手をつねって痛さを感じるのも生きているからこそなのです。


テレビの天気予報で、気温が5度までしか上がらないと言っていたとします。5度と聞くと寒くなる。その気持ちは分かります。しかし、5度という数字には何の意味もありません。それは頭で考えた数値だからです。

同じ5度でも温かいと感じる人もいれば、30度でも涼しいと思う人もいるはずです。

要するに自分がどう感じるかが大切なことであって、頭で考えたことは大した意味をもたないということです。

仕事でも数値やデータばかりに振り回されていると、物事の本質が見えなくなっていくことでしょう。たとえば商品を出荷するとき、明日から12月だから、冬の商品に入れ替えようとします。温かいオフィスに身を置きながら、外の寒さをデータで予測して商品展開を行う。もちろんそれは間違いではないでしょうが、どこか本質から離れているような気がします。

大事なことは、頭で考えるのではなく、外に飛び出して、自分自身の身体で感じることです。12月になったけれど、今年の冬は暖かい。桜は咲いたけれど、まだまだ寒さが続いている。このように自分の身体で感じることで、いろんなことが見えてくるのです。

アイデアがなかなか浮かばないと悩むのならば、外に出て自然を感じてみてはいかがでしょうか。一日中デスクに座って、ひたすらパソコンを睨んでいたところで、おそらく何も浮かんではきません。5分でもいいから会社を飛び出して、自然の空気に触れることです。

吹く風を感じ、降る雨に肩を濡らし、暑さに汗を流してみて、自分が生きているという実感をもつ、そうしたことからアイデアは浮かんでくるものなのです。

なぜなら、**すべての商品や企画は「生きている人間」に向けられている**からです。

そして、こういう作業は、まさに坐禅にも通じるものなのです。

また、日頃から便利さばかりにも身を沈めないようにする。たとえば1階から5階のオフィスにエレベーターで上がれば、たしかに早く着くでしょう。

しかし、その効率は何も生みません。ところが階段で上がれば、さまざまなことに気づけます。うっすらと汗をかいていれば、ああもう春がやってきたんだなと思う。いつもは楽々に上がれるのに、今日は4階で疲れを感じてしまったのなら、体調が悪いのかもしれない、と身体の変化にも気がつきます。

これが、生きているということなのです。

不便さはマイナスばかりではないということを知りましょう。

駅から家まで歩いて20分もかかると嘆く人は、毎日往復40分も自然と触れる時間がもてると考えてみてはいかがでしょうか。

Q 仕事で能力が発揮できません

A 目の前のことに全力で取り組む

●「評価」にとらわれていませんか

人間は誰もが、純粋無垢な心をもって生まれます。汚れない状態で、心に仏様を持って生まれてくる。これは仏教の考え方です。

子どもの頃を思い出してみてください。とても純粋な目で物事を見ていたはずです。美しいものを美しいと感じる。

他人の目を気にすることなく、自分の心に正直に生きている。それこそが本来の自分の姿なのです。

頭で計算などもしなかったはず。友達を選ぶときには、気が合うという単純な基準で選んだはずです。

成績がいいから友達になって勉強を教わろうとか、家が金持ちだから付き合って得をしようなど、一切そんなことは考えなかったはず。

ところが大人になるにつれて、人は色眼鏡で他人を判断するようになります。肩書をもった人に対してはもみ手で近寄り、劣っていると思う人間に対しては高飛車な態度を取ったりする。常に損得勘定で関係性を築こうとする。

結局、**自分よりも周りの評価ばかりを気にしているからこういう行動になるのです。**

それは本来のあなたの姿ではないし、とても不自然なことでもあります。

自己評価についても同じことがいえます。人は誰しも、必ず能力が備わっています。その種類は千差万別ですが、何もない人間など一人もいません。それぞれが素晴らしい能力をもっているのです。

どうしてその能力を発揮しようとしないのか。どうして自分に備わっている能力に気がつかないのか。その原因は、やはり評価というものにばかりとらわれるからです。

たとえば自分の能力に気がついていたとしても、上司がそれを評価してくれない。いつも「君はダメだ」とばかり言われている。上司に怒られずに、評価されたい。そんなことばかりを考えていれば、気持ちは萎縮していくだけです。自分で自分を縮め、せっかくもっている能力を縛ってしまう。非常にもったいないことですし、それは本来のあなたの姿ではないのです。

人間がもっている能力は計り知れません。ほとんどの人間が、もっている能力の2、3割しか使っていないと言われています。誰でも、能力や可能性はまだまだ無限にあるのです。

大事なことは、周りの評価に流されず、本来の自分と向き合うことです。

しかし、組織で仕事をしている限りは、上司の評価を無視するわけにもいきません。「これこそ本来の私です」と言っても、認められなければどうにもなりません。ならばどのようにすればいいか。

それは、いま目の前にある仕事に全力を尽くすことです。

いま自分がやっている仕事。その仕事がやりたいかやりたくないかは、関係がありません。向き不向きも関係ない。とにかく全力でそれに立ち向かうこと。

子どもの頃のように時間も忘れて夢中になる。結果なんて考えず、ただ目の前のことに集中する。その集中力が、あなたの能力を引き上げてくれるのです。

本来の自分を見失ってはいけません、自分に与えられた能力を過小評価してもいけません。

そして、誰かと比べることよりも、自分とは唯一無二の存在であることを自覚しましょう。

生きるとは、すなわち自分自身を慈しむことです。

17

Q

もっと大きな仕事をしてみたいのですが

A

自分のやるべきことをコツコツ続ける

●やるべきことに目を向けていますか

仕事をしていく上で、誰もが夢や目標といったものを持っているでしょう。仕事で一流を目指して尊敬されたい。スティーブ・ジョブズのような天才と呼ばれたい。そんな夢が誰にでもあることでしょう。

あなたがその夢に向かって努力をするなら、きっとその夢に近づくことができるでしょう。ジョブズになれなくとも、きっと足元くらいにはたどり着けるかもしれません。道は必ず開ける。そう信じることは大事です。

ただし、夢に近づくためには、いま自分にできることを必死になってやらなければなりません。いまやるべき仕事に全力で立ち向かわなければならない。

そうした努力をすることなく、憧れの存在になりたがる人は、残念ながらかなり多い気がします。

どんな成功者や偉人も、1日や2日でそうなったわけではない。一段ずつ階段を登りながら、ふと振り返ってみると高みに達していた。成功者を目指したというより、気がつけば周りから成功者と呼ばれていた。そんなものではないでしょうか。

中国唐代に活躍した百丈(ひゃくじょう)禅師の言葉に、「**一日不作(いちにちなさざれば)　一日不食(いちにちくらわず)**」というものがあります。「働かざる者、食うべからず」と解釈されていますが、働かないから食べてはいけないという意味ではありません。

百丈禅師は、80歳を過ぎても弟子たちと一緒に厳しい農作業などの作務(さむ)に励んでいました。しかし、禅師の身体を気遣った弟子たちが、ある日禅師の農機具を隠してしまいます。禅師は、やむなくその日作業をしなかった。

そして、その日から一切の食事を摂(と)らなくなってしまいます。どうして食べないのかと弟子たちが聞きました。そこで禅師が言った言葉が「一日不作　一日不食」だったのです。

作務というのは禅僧にとっては大切な労務です。人が人であるために基本的な行為であるともされています。つまり、やるべきことをやっていないのだから、自分は食事をする資格がないのだと禅師は伝えたかったのでしょう。食べるというのは、やるべきことをやったご褒美であると。

いま自分がなすべきこと。やらなければならないこと。それは、誰にでも必ずあります。会社で仕事をするばかりでなく、それぞれの立場でやるべきことはある。それが何なのかをしっかりと自覚し、コツコツとやっていくこと。あれこれと明日のことを考えるのではなく、今日何をなすべきかを考える。その大切さを説いているのです。

夢を実現するとはそういうことです。

いま目の前にあることに一所懸命になる。そうすることでひとつひとつの目標が達成される。そして、いつの間にか遠かった夢が近くに見えるようになる。そういうものです。

上の場所に立っている人たちは、ぜひとも自分が登ってきた階段を若い人たちに見せてあげてほしいと思います。一段一段上ってきた苦労を伝えてあげてほしいし、一挙に高みに上ることなど不可能で、ましてや二段も三段も飛ばして上ることなど、とても危ないことと教えてほしいのです。

そして、一番大切なことは、目の前にある階段を上ることだと伝えてほしいと思います。夢をもつことはとても大事なことです。しかし、**その夢とは雲の上に浮かんでいるものではありません。**

そこに至るまでには、くっきりとした階段が存在するものです。その階段に、まずは足をかけることです。

Q

仕事がつらくて仕方ありません

A

自分が主体となって仕事に取り組む

やらされ仕事は続きません

私は若いころから庭園デザインが好きでした。空間をデザインするということが楽しくて、趣味としてやっていた。そのうち自然と依頼が増えて、あるときからは職業としてやるようになりました。

だからといって住職の仕事もおろそかにはできません。深夜までデザインの仕事をするのもしょっちゅうですが、どんなに遅くに寝ても、必ず朝の5時には起きて朝のお勤めをしています。それは僧侶として欠かすことのできないものです。

あまり忙しいので、よく身体がもちますねと、いつも言われます。

なぜそんな生活ができるのか。それは、**私がデザインも僧侶としてのお勤めも、主体的にやっているからです**。

もしもどちらか一方でも「やらされている」と感じたとしたら、その瞬間に投げ出しているでしょう。

仕事は、やらされていると感じれば、すぐにつらいものになります。上司の命令だから、締め切りがあるからやっている。多くの人たちはそう思っているのではないでしょうか。確かにそうかもしれません。

しかし、どうせやらなくてはいけないならば、自分自身が主体となって取り組むことです。

考えてみてください。たとえ上司から言われた仕事であっても、自分に与えられた瞬間に、それは自分自身の仕事になるのです。

誰のものでもない、これは自分の仕事だ。そう考えることで、他人にできない工夫をしてやろうと初めて思える。3時間でやれと言われたなら、2時間で終わらせる方法を考えてみる。

そういう気持ちで取り組むことで、仕事というものはどんどん面白くなってくるものです。

また仕事自体が嫌いと言う人がいます。もっと自分に向いた仕事があるはずだと。そんな人に教えてあげましょう。**仕事とは本来しんどいものです**。割合からすれば、8、9割はつらい。

しかし、もしも残りの数割が楽しいと思えるのなら、その仕事はあなたに合っているということです。そのわずかな楽しさを支えに、一所懸命に取り組んでみてください。気がつけば、いつのまにか面白い部分が3割、4割と増えるはずです。

もし面白さがまったくない仕事であれば、とっくにこの世界からなくなっているはずです。そう考えれば、現在残っている仕事にはすべて面白さが宿っているということなのです。

自分自身が主体となって生きる。それが禅の考え方です。すべての人間は、自分自身が主人公。**他人の人生を生きているのではなく、みんな自分の人生を生きているのです**。このことを常に忘れてはいけません。

他人の仕事や他社が羨ましいと思う人は、このことを頭に叩き込んでおくべきです。**結局、他人の人生と比較しても何も生まれませんし、あなたの人生の主役は、あなたしかいません。**

あなたに与えられた仕事は、あなたが主体となってやるしかないのです。

もしいま、仕事をやらされていると感じているなら、あなたは真正面から仕事と向き合っていないはずです。どうせ上司から言われた仕事だ。仕事なんてこんなものだ。そんなふうに斜に構えていれば、前には進めない。そんな姿勢でいると、本当に大切なものがすり抜けていきます。

仕事を真正面で受け止めること。それが主役としての努めです。

Q

大量の仕事が終わりません

A

捨てることから始める

デスクが山積みではありませんか

本当に忙しい世の中です。

朝起きると、すぐさまパソコンを起動させてメールのチェックをする。移動中も情報機器を持ち歩き、常に情報に乗り遅れまいとしている。まるでみんなが情報の奴隷になっているかのようです。

本当にそこまでしなければ仕事ができないのでしょうか。

私にもたくさんのメールが届きます。一日に50通を超えることもあります。それら全部に返信していたら、とても本来の仕事はできません。

私の仕事はお寺の住職であり庭園のデザインであり、執筆等で、メールを返信することではないからです。

たとえば、多くのメールのうち、すぐに返信しなければいけないものは、おそらくは5通くらいです。それらは直ぐに返します。残りのうち20通くらいは、時間のあるときに返せばいいというもの。時間がなければ返信はしません。そして約半分は、とりあえずは返事しなくても済むものです。どうしても返事が欲しいと思う相手ならば、何度か送ってくれます。

せっかく頂いたメールなのに申し訳ないですが、このように分けて考えなければ、私は本来の仕事ができなくなってしまいます。多くの情報が氾濫している時代には、取捨選択をする目を持つことが求められるのです。

自分を取り巻くたくさんの情報。そればかりに目を奪われていたら、自分の立ち位置が次第に分からなくなってきます。自分の仕事が何かさえも分からなくなることでしょう。それを避けるには、少し俯瞰した目で自分とその周囲を眺めることです。**すると、**

必要なものと不必要なものが徐々に見えてきます。

もう少し分かりやすい例を挙げます。自分のデスクの上を見てください。さまざまな書類や資料が山積みになっていませんか。それらを目の前にして、片づけようとしてもなかなか進みません。手に取れば、どれも必要なものだと思ってしまうからです。ならば、デスクから少し離れた場所から全体を眺めてみるのです。

全体を眺めることで、すぐに必要なものと、置いておくべきもの、あるいはもう二度とは使わないと思えるものが浮き上がってくる。そこで適切な取捨選択ができるのです。**情報処理能力とは、すなわち片づけの上手下手だと私は思っています。**

仕事や物事がうまくいかないと感じると、私たちはつい足りないものを探しがちです。うまく進めるには、何かを足して状況を変えようとする。

しかし、その状況を変えるには、足りないものを探すよりも、いらないものを捨てる方が早いのです。**仕事がうまくいかないのは、足りないものがあるのではなくて、不要なものが邪魔をしているからだ**と考えてみてください。

それは過去のやり方だったり、こうしなければという執着だったり、不要な情報であったりします。まずはそれらを捨てるということが大事です。

捨てるという行為には勇気がいります。しかし、不要なものを抱えれば抱えるほど、本当に必要なものは、埋もれて見えなくなっていきます。大事な書類を探すのに、不要な書類の山から見つけ出すのは至難の技でしょう。それと同じです。

不要なものを全部捨て、本当に自分にとって必要なものに集中する。それこそが禅的な考え方であり、シンプルに生きるという発想でもあるのです。

身の回りをいつもスッキリさせておけば、頭もスッキリしてきますし、物事もスムーズに進んでいきます。まずはいらないものを捨ててみてください。

本当に大事なものが見えてくるはずです。

Q なかなか出世できません

A 現場でやれることに全力を傾ける

上を目指すのがいいこととは限りません

大抵の組織は、ピラミッド型で成り立っています。一つの部署には、ナンバーワンの存在としての部長がいる。その下にはナンバー2の課長が数人いる。そのまた下には係長や主任などの役割の人がいる。

この組織体系が存続しているのは、きっと日本人の感覚にマッチしている体系だからではないでしょうか。

しかし、そんなピラミッドのおかげで、皆がナンバーワンを目指そうとするのも事実です。一所懸命努力して、頂点につきたいと願う。それこそが会社員としての成功だと信じている。明確な目標をもって仕事に取り組むことは大事ですが、そればかりが成功だとは思えません。

第一、ナンバーワンになる人は、わずかしかいないのです。社長になれる人も1人ですし、部長になる人も限られている。言ってみればほとんどの人はナンバー2やナンバー3の場に甘んじることになる。それは成功ではないのでしょうか？

じつは、仏教の世界もピラミッド型になっています。ピラミッドの頂点にいるのが如来様です。如来様とは唯一悟りを開いたとされる存在であり、まさにピラミッドの頂点に君臨しています。そのすぐ下に位置する、ナンバー2とされる存在。それが菩薩様です。お馴染みの「観音様」や「お地蔵様」というのは、この菩薩というポジションになります。

面白いことに、この菩薩様は、仏になる資格を十分もっている存在です。つまり、仏の世界に行こうと思えばいつでも行ける。ナンバーワンと肩を並べようと思えばそれすらできる。そんな資格があるにもかかわらず、菩薩様はあえて仏の世界に行かず、現世にとどまって修行を重ねている。これは**「菩薩行」**と呼ばれています。

では、どうして菩薩様はとどまっているのか。それは、私たち人間の心を救済するためだといわれています。

仏の世界に行ってしまえば、現世の人たちと関わりをもつことはできなくなる。それゆえ自らの意志でこの世にとどまり、皆に仏の心を広めようとしている。

そんな背景があるからか、長きにわたって菩薩様は庶民に慕われてきたのです。

いかがでしょうか。この言い伝えは、会社という組織にも当てはまるのではないでしょうか。

部長という部署のナンバーワンになれば、多くは現場の仕事を離れることになります。大局的に判断することが任務となりますから、細かな部下指導などはできなくなるでしょう。それに代わり現場を動かすのが、課長や係長といった人たちです。そして実際の仕事における成否というものは、そうしたナンバー2の人たちの肩にかかっているのではないでしょうか。

中間管理職という言葉があります。世間一般では、上からは責められ、下からは突き上げられる、何ともかわいそうな役割のように語られています。でも考えてみてください。日本の組織がピラミッド型ならば、そのほとんどは中間管理職に当たるはずです。

もちろん、そのポジションに甘んじればいいということではありません。ただ、トップに上り詰めることだけが成功ではない。ナンバー2やナンバー3であっても、トップ以上にやるべきことがあるはずです。

いま自分が与えられているポジションで、必死になって努力をすること。上を助け、下を導くという喜びを感じること。その積み重ねこそが、大きな仕事の充実感につながっていくはずです。

会社を動かしているのは、ナンバーワンだけではないのですから。

21

Q

いい企画が出てきません

A

一点のみだけでなく、周囲に目をやる

何のための企画なのでしょうか

いい企画が出てこない。明日までに企画案を提出しなければいけないのに、何も浮かんでこない。このように追い詰められた経験は誰にでもあるものです。

これは企画を「生まねばならない」ということにとらわれている状態です。

何のための企画で、それは社会にどう役立つのか。

そういった本来の目的を見失い、ただ企画を生み出すことのみに縛られている。もう何かに取りつかれているような心の状態です。

こうなってくると、頭は徐々にマヒしてきます。こうなると、いくら考えてもアイデアやヒントは生まれません。

ほんの少しだけ、目線を外してみましょう。パソコンから離れ、身の回りの物を見渡す、窓を開けて外の風景を眺めるなどです。

季節は夏に近くなり、風も爽やかに吹いている。風とともに鳥たちも気持ちよさげに空を飛んでいる。

それらに目を向けるだけでもマヒした感覚は元に戻ります。

アイデアのきっかけや、ひらめきの種は、じつはかなり身近なところに落ちているもの。自然や変化のあるものに目を向けるだけで、その種は見つけられるのです。頭の中だけで企画をこねくり回していてもうまくいきません。外や他の物に目線を移してみることが大事なのです。

人は、一つのことにとらわれ過ぎると、それがすべてだと思いがちです。その状態はとても危険です。

たとえばいい企画が浮かばない、もし今日中に浮かばないと、明日の会議に間に合わない。会議に間に合わなければ、社内の評価が下がる。しまいにリストラされるかもしれない。こんな時代にリストラされてしまったら就職先はないだろう。そうなれば家族を養えない。一家離散だ……。

これが土ツボにはまるということです。

冷静になって考えてみてください。新しい企画が浮かばないと、どうしてすぐ一家離散になるのでしょうか。何とも滑稽な考え方だと思うことでしょう。

しかし当の本人は真剣に出口のないトンネルの中を彷徨っていて、やがて絶望という暗闇に落ちてしまう。

こんなときは、真夜中の一本道を歩いていると想像してみてください。前も後ろも闇に包まれていて何も見えない。出口などないように思える。喉も渇いてきた。このままだとこの場で行き倒れてしまうかもしれない。

そんなときに、ふと足元を見る。足元の先は月明かりに照らされていて、意外と明るいことに気がつく。よく目を凝らせば、近くには小川が流れている。そこで喉を潤し、少し休む。

そうすれば元気になり、再び歩くことができるようになる。やがては出口にも到達できる。

仕事だけでなく人生もこれと同じではないでしょうか。

企画が浮かばないという暗闇の中を、ただ闇雲に歩いても出口は見つかりません。**一点をじっと見るより、自分の周りに目をやってみてください**。そこには必ず新しい発想につながる種が落ちているはずであり、絶望を癒やしてくれる小川が流れているはずです。出口を見つけることにだけ執着してはいけません。

つまりは、企画そのものにも執着しないこと。最初から企画の核心を探そうとするのではなく、まずは企画のしっぽを捕まえること。それくらいの気持ちで取り組むことが大事だと思います。

22

Q

仕事の目標が達成できません

A

相手が欲するものは何かを常に考える

●自分の得ばかり考えていませんか

会社という組織に身を置く限り、そこには必ずノルマや目標といったものがあるものです。上司から目標の数字を与えられ、それを達成するために努力をしていく。人間的な成長を考えても、それは悪いことではありません。

ただし、ノルマにばかり縛られてはいけないと思います。そこにだけ執着すると、最終的には自分のことしか考えられなくなります。お客さんの満足などどうでもよく、儲かればそれでいいという考え方。短期的にはそれでいいかもしれませんが、長い目で見れば、そこには仕事の喜びが見出せなくなるでしょう。そういう仕事は長続きしないものです。

大事なことは、相手が何を望んでいるかということ。どんなことに困っていて、どんな商品を欲しているのか。そんな相手に喜んでもらうために、自分は何ができるのか。

極論すれば、自分が得することなど二の次に考えてしまう。まず相手に得になることを考え、それが自分の得にもつながる。

自分だけが得をすることなど元々あり得ないのですから、この方が結果的にはいい仕事になるのではないでしょうか。

たとえば自社の商品をもって営業に出かけます。相手先に商品を売り込むのですが、相手が欲しい商品がありません。

そんなとき、大抵は相手が欲している物と近いものを勧めることでしょう。営業としては当然のことだと思います。

しかし、たとえその商品を買っていただいたとしても、相手はおそらく100%満足することはないはず。妥協して購入しているのですから、いずれ不満が出てきます。つまりそれは、こちらが相手のことを心から考えていなかった結果です。

もし、こんなときに、「我が社にはそういった商品がありませんが、他社のならお望みの商品があります。それを紹介しましょうか」と言ってみてはいかがでしょう。きっと相手は驚くでしょう。何せライバル社の商品を紹介されるのですから、驚いて当然です。上司にも叱られるかもしれません。

しかし、相手を一番に考えるとはそういうことなのです。そしてそこからは、本当の信頼感が生まれてきます。

現代は厳しい競争社会です。自分の会社を守るために、平気でライバル会社を蹴落とすようなこともしなければなりません。

しかし、こういうやり方は、私は日本人には向かないような気がします。


昔から日本人は、周りの人たちとの関係を大切にしてきました。自分の畑でつくった作物だけを売るのではなく、「うちのダイコンは美味しいけど、ホウレンソウならお隣さんの畑の方が美味しいよ」と自分以外のものを勧めたりする。

一見すると損をしたように思いますが、そうすることで結局はその村全体が豊かになっていく。

商売というものは、いつの時代であろうと、こういったことが大事ではないでしょうか。

自分が勤める会社だけでなく、自分が働く業界すべてのことを考える。

当たり前のことですが、自分がいる社会や業界が豊かになってこそ、自分も豊かになるものです。

自分の利益のみにとらわれることなく、まずは相手や周りの人たちが何を欲しているかに目を向けること。

それこそが働くことの原点なのではないでしょうか。

23

Q 仕事をうまくやるコツが知りたいのですが

A 自分だけの得意なものは必ずある

◎人の真似をやめてみましょう

大きな成果を出したり、成功を収めた人を見るにつけ、羨ましいと思ってしまう。そうなりたいと願い成功した人のやり方を真似しようとする。どうやって、どんな方法で彼らは成功をしたのか。その手の本もたくさん出版されています。

もちろん、良いと思ったことはどんどん取り入れればいい。しかし、ただ単に真似をするというのはいかがなものかと思います。

「十人十色」というように、人にはそれぞれ得手不得手があるからです。流暢な会話が得意な人もいれば、一人で作業するのが好きな人もいる。どちらがいい悪いではなく、どちらにもその人らしい良さが宿っている。

禅の基本的な考えは、他人と比べるのではなく、すべての人に素晴らしいものがあるというものです。

さらに、**成功への道のり、結果を出すまでの過程、そのアプローチの方法は限りなくあるもの**です。どの道であっても、努力を重ねれば、必ずや目的地にたどり着くことができる。

人の後ろ姿を追いかけても仕方ありません。そして、急いで走ることもありません。自分の歩調で歩けばいいのです。

だいぶ前のことですが、電車に乗っていたら私の隣に一人のビジネスマンが座りました。重たそうな鞄をもっていたので、きっと営業職なのでしょう。

彼は座席に座ると、すぐ鞄の中から葉書の束を取り出しました。名刺を見ながら宛名を書き、すらすらと何やらしたため始めたのです。

隣の席ですから、その内容は丸見えでした。何とはなしに見てみると、「昨日は三年ぶりに東京でも雪が降りました。お身体に気を付けてください」といった、ごく普通の挨拶を書いていました。営業的な文章はまったく書いていません。それでも、万年筆で丁寧に書かれたその文字には、彼の一所懸命さと温かさが感じられました。

その葉書を受け取った人たちの心に、きっと良い印象として残ることでしょう。すぐ取引には結びつかなくとも、何かの折に彼のことを思い出すはずです。

もしかしたらその男性は、話術が苦手なのかもしれません。

自分は口下手だ、だからこそその欠点を補うものをつくらなくてはいけない。そう考えたときに、筆マメということに気づく。この発想は、饒舌な営業マンには湧いてきません。結果としては、みごとに欠点をカバーする方法を彼は見つけたのでしょう。

欠点は誰にでもあります。コンプレックスのない人間などもいません。

でもその裏側には、**必ず得意なものが隠れています**。自分らしい得意分野はきっとある。それを一所懸命に探すことで、欠点を補うほどの武器を手に入れることができる。

誰かの真似をするのではなく、自分にしかできないやり方を見つける。そこにこそ心を尽くすことです。

前述した唐の時代の趙州(じょうしゅう)和尚が**「大道(だいどう)通長安(ちょうあんにつうず)」**という言葉を残しています。どの道を行こうが、すべての道は長安に通ずるという言葉ですが、幸福や成功もこれと同じだと思います。

成功への道はそれぞれですが、自分が歩むべき道を見つけ、ただひたすら歩いていれば、誰もが成功にたどり着くことができる。

大切なことは、自分の歩むべき道を見つけ、その道を歩き続けることです。

24

Q 周りの人ほどいい結果が出ません

A まずは7割の完成度を目指す

愚痴ばかりこぼしていませんか

いかなる仕事であっても、必死で努力をすれば、その7割まではできるようになる。どの人間でも、それほどの能力が備わっている。それが私の考えです。

初めての仕事、苦手な仕事、本意ではない仕事であったとしても、とにかくやるべきことを一所懸命にやる。そうすれば誰もが7割の地点に到達できるものです。7割というのは、立派な合格点です。

特別な才能などなくても、誰もが合格点を取ることができるのです。

社内での評価の低さを嘆いている人、同僚より仕事ができないと自信を失っている人。そういう人は、本当に努力をしていますか。

もし与えられた仕事の半分しかできていないならば、それは自分自身の努力が足りないだけです。努力もせず、この仕事は好きではない、自分に合ってないと愚痴をこぼしても評価はされません。本気になれば、必ず合格点は取れる。それを信じて頑張ることです。

ただし、7割を超えて8割、9割まで到達するには、向き不向きや才能が必要かもしれません。生まれ育った家庭環境などにも影響されることもあるでしょう。だからこそ自分に才能があるかを知りたければ、まずは7割の地点まで行くことです。そこで見た風景が、あなたの可能性です。

ただ才能があると言っても誰にも相手にはされないし、努力を怠って才能がないと嘆いても誰も助けてはくれません。とにかくまずは目の前の仕事に必死になることです。

自分の周りには、多くの種類の仕事がある。その仕事に優劣をつける人は多いものです。この仕事よりあの仕事の方が高レベルだ、こんな仕事はやってられない、同僚はいい仕事をやらせてもらえる。

仕事にランクをつけて、より格好のいい仕事ばかりをしたいと願う、そんな考え方はもうやめることです。

職業や仕事内容に貴賤やランクはありません。すべての仕事が世の中にとっては必要なものです。だからこそ存在している。世間からは注目されないような仕事でも、必ずどこかで誰かのためになっている。それが仕事というものです。

人はどうしても、注目されたいと思うものです。多くの人に感謝され、高い評価を得たいと思う。それも正直な気持ちでしょう。しかし、ほとんどの人たちは華々しい場面などなく、市井の中に埋もれてコツコツと働いています。

そんな状況で、あなたができることは自分の仕事に対し確固たるプライドをもつことです。自分の仕事は必ず社会のためになっている、必ず認めてくれている人がいる。勝手な思い込みでも構わない。**自分で自分を認めることこそが、幸せにつながるのだと思います。**

こんな逸話があります。ある和尚が肉屋の前を通りました。そこに客が現れて、肉屋の主人に注文した。「今日は特別な日だから、良い肉をくれ」と。店の主人は答えました。「うちの店には悪い肉など一つも置いていません。どの肉も良い肉です」

このやり取りを聞いて、その和尚は、良い肉、悪い肉と決めつけるのは人間の勝手な理屈でしかない、ということを悟ったといいます。

仕事もこれと同じではないでしょうか。

大きな仕事、小さな仕事、いい仕事、つまらない仕事。それを決めつけているのはあなた自身の心なのです。社会的に高い低いと序列をつける。それがひいては人間の序列につながる。

それは悲しく、さもしい考えです。

25

Q 想像性を働かせるにはどうすればいいでしょう

A 数値ばかりではいいものがつくれない

人間的な感性を大事にしていますか

世の中はますます便利になり、スピード化が進んでいます。それを支えているのは、パソコンをはじめとした機械です。

人間の手を煩わすことなく物ができ上がったり、データを簡単に検索できたりと、便利なことでありますが、その一方で人間性は疎外されている気がしてなりません。

本来ならば機械は使われるべきものなのに、すっかり立場が逆転してしまった。パソコンで見た数値やデータがすべて。まるで人間の感性や存在そのものを否定されているかのような状況です。

いまや禅が世界的なブームとなっていますが、その背景にはこうしたパソコン化した社会があるからではないでしょうか。

静かに坐禅を組む行為、それは人間らしい行為であり、当然ながら人間にしかできません。

数値化できない人間の気持ちや情、あるいは想像力などというものがなおざりにされ過ぎではないでしょうか。現代社会における仕事は、たしかにデータが重要です。

ただ、**あまりそこに目を奪われていると、人間が本来もっている感性や良さが失われていきます**。

たとえば一冊の本をつくるとき、編集の人たちは、どんな傾向の本が売れているか、どんな作家が読まれているか、まずデータを取ることでしょう。このような調査は、パソコンですぐできると思います。いわゆる市場調査というものです。

しかし、もしパソコンがはじき出す調査結果がすべてならば、人が企画を考える面白さは必要ないはずです。編集会議などもしなくても済む。データをもとにした企画ばかり本にすれば売れるはずです。

ところが実際はそうなりません。やはりそこでは、機械ではつくりようもない想像力が大切になるからです。パソコンは0と1の世界、つまりはイエスかノーかの世界です。人間の心には、イエスとノーの他にたくさんの答えがあります。**数字に表すことのできないもの、それこそがもっともクリエイティブなものだと私は思っています。**

「禅の庭」をデザインするときにも、石の据え付け場所がどうもしっくりこないことがあります。

あと10センチ右にずらしたい。そう思って職人さんたちに指示をすることがある。この10センチというのは、計算で割り出せるものではありません。

10センチ右にずらすかずらさないか。それは私の中にある感性でしかないのです。もちろんそこには科学的な根拠も正解も存在しません。

ただ私の中で「何となく落ち着かない」と思うだけです。

しかし、**こうした感覚こそ大事にするべきだと思います。**

たとえば機械がはじき出した数字をもとに新商品ができる。非の打ちどころがないくらい計算されつくしてある。きっとそれなりの商品ができることでしょう。しかし、何となくだが良い商品とは思えない。それどころか売れない気もする。

そんなとき、「売れない気がします」などと言えば、途端に「どうしてそう思うのか。根拠を示せ」と言われてしまうかもしれません。

しかし根拠などない。仕方なく黙ってしまう。それはとても危険なことだと思います。

本当の創造性とは、人間の感性から生まれてくるもの。そこに科学的な根拠などなくてもいいのです。

人間が欲するものは、とどのつまり人間にしか分からないのですから。

第3章

人間関係を考える

いつも「いいつながり」を
築くために

26

Q 職場の人間関係に嫌気がさしています

A 他人の意見を一度肯定してみる

自己主張ばかりしていませんか

職場内の人間関係がギスギスしている。足の引っ張り合いさえ起きている。そんな不満をこの頃はよく耳にします。

ひと昔前なら、職場の仲間は家族のようなものでした。互いに力を合わせて仕事をし、仕事以外でも相談ができた。人生の多くの時間を共有するのですから、信頼関係が生まれてくるのも当然でした。

ところが欧米型の経営が入ってきて、企業が成果主義や年俸制度を取り入れるようになると、成果を上げた社員には高い給料が支払われ、そうでない社員の給料は減らされていった。

頑張れば頑張っただけ所得に反映される。一見するととても夢のある制度に思えますが、どうも日本人には馴染まないように思えます。当然勝ち組や負け組といった区分が生まれました。そして人間関係がギスギスしてきたのです。

誰もが勝ち組になりたいわけですから、貴重な情報は仲間であっても流しはしない。一人だけで抱え、自分だけ勝ち組になろうとする。

「三人寄れば文殊の知恵」という言葉も死語となり、それぞれが成果を独り占めしようとするようになりました。同僚にさえ本音で話せない。周りに社員がたくさんいるのに、いつも孤立したような感覚に襲われる。そのストレスは相当なものでしょう。

人間関係がギスギスすれば、日頃の会話もまたそうなります。一緒に仕事を進めようにも、自分のやり方や考え方に固執してしまう。お互いに押し付け合うのですから、ぶつかり合うのも当然です。

大事なのは、自分の考えを主張しないということではありません。いかにぶつからないように自己主張をしていくか。そのことを考えることだと思います。

禅の言葉の中に、**「如是（にょぜ）」**というものがあります。禅問答ではかなり使われる言葉です。この言葉の意味は、「あるがごとし・ごもっとも」ですが、相手が何かを言うと、「如是」と言ってから話し始めるのです。

「あなたのおっしゃることは、まさにその通りだと思います」と一度肯定をする言葉なのです。

まずは相手の主張を受け入れてしまう。すぐに言い返したり拒否したりするのではなく、まずは相手の考えを認めること。

そしてその次に、自分が考えていることを伝える。相手にしてみれば、まず自分のことを受け入れてくれるのですから、素直にこちら側の考えも聞こうとします。少なくとも喧嘩腰の言葉は出てこないというわけです。

仕事をしていれば、意見や考え方の違いはあって当然です。意見をぶつけ合うという発想ではなく、互いのいい部分をいかに抽出していくかを考えてみましょう。

自分のやり方が正しい、このやり方しかない——。本当にそうなのでしょうか。

もしも誰もが認める正解があるとすれば、きっと意見がぶつかることはないでしょう。

意見がぶつかるということは、すなわちどちらも正解ではないということです。だからこそ、互いのいい部分を合わせていかなければなりません。

相手が言うことに対して、すぐさま拒否反応を起こさない。まずは相手の話を受け入れること。

「あなたの言うことも一理ありますね。あなたのやり方が正しいのかもしれない。でも、私はこう思っています」こんなやり取りが職場で始まれば、きっとギスギスした関係は解きほぐされていきます。

どうか「如是」の心を忘れないでください。

27

Q 本音がなかなか言えません

A 自分と向き合う時間を持つ

●相手を待っていませんか

本音で話し合える相手がいない。本当の姿を理解してくれる友がいない。そういう悩みを相談されることが多々あります。本音が言えない、分かり合える人がいないということは、生きづらいことでもあるでしょう。

しかし、そんな悩みをよく聞いてみると、自分から努力をすることなく、相手が理解してくれるのをひたすら待っている人が多い。

もしくは、自分を優先する気持ちが先立ち、相手を理解しようとはしていません。いずれにしても、自分は何も工夫をせず、相手がしてくれるのを待つ。これでは幼児と同じです。厳しい言い方をすれば、精神的に未熟なのではないでしょうか。

本音で言い合ったり、いい関係を築くためには、一方通行ではうまくいきません。**分かってほしい相手がいるなら、まずはその人の心を理解することに努めてみるべきです。**

ところで本音とはどのようなものでしょうか。その時々の感情を表に出すことと思われがちですが、残念ながら、それは間違いです。

喜怒哀楽の感情は、あくまでも一時的なものです。それゆえ簡単に移り変わっていきます。そうした移ろいゆくものに流されてはいけません。

感情を出すことがいけないというのではなく、それが自分の本音だと思い込まないことです。感情のやり取りだけを続ければ、やがてはぶつかり合いになるでしょう。

真の意味での本音とは、自分の信念のようなもの。自分はどんな人生を歩んでいくのか。どのように考えて生きていくのか。そんな人生の芯ともいうべきものだと私は思っています。そして、**この芯をしっかりと持つためには、考え抜くという作業が重要になります。**

会社でも、上司と意見が違うときもあるでしょう。いくら上司の指示でも、自分はどうしても受け入れられない。そんな場面に出くわしたなら、まずは感情的にならないよう努めましょう。感情を持ち出しても、何の解決にもならない。そうではなく、自分自身、まずは考え抜いてみるのです。

そうしてみて、どうしても違うと感じるなら、それが本音というものです。それをぶつけてみる。

「部長のお話はよく分かりますが、私としてはやはり違うと思います」と。心から考え抜いた本音を話すことで、きっと上司も本音で返してくれる。互いの本音を話すなら、そこに信頼関係が生まれるはずです。ただ感情をぶつけ合うだけでは、真の信頼関係は生まれません。

そして何よりも大切なことは、自分の本音がどこにあるかを探すという作業でしょう。自分の本心はどこにあるのか。自分が歩むべき道はどれなのか。時には立ち止まってじっくりと考えること。それこそが人生においてもっとも重要なことです。

禅僧が坐禅を組むのも、突き詰めれば自己を再認識するためです。頭の中を空っぽにして、世俗の欲望から逃れ、本当の自分というものを探していく。禅僧は生涯をかけてそういった作業をしているのです。

一般の人なら日々坐禅を組むということは難しいでしょう。ならば、せめて1週間に一度でも、立ち止まって自分を見つめる時間をもつことです。

休日の朝、30分でも静かに考える時間をもつ。呼吸を整え、自分と向き合ってみる。感情に流されずに、自分の行く道を探してみる。

日々の忙しさの中にあるほんの少しの空白、その空白の時間にこそ、あなたの本音が宿っているのです。

28

Q

不本意な異動に憤慨しています

A

いまいる場所を素晴らしいものにする

●執着が強すぎはしませんか

ビジネスを取り巻く環境は日々大きく変化しています。そういう状況の中では、本意でない人事異動はつきものです。

これまでは制作部にいたのに、突然営業部に異動を命じられる。反対に営業で成果を出していたのに制作現場に回される。突然海外勤務になることもあるでしょう。

ならば会社を辞めてしまおう。短絡的にそんな結論を出す人もいます。自分には営業は向いていない。とにかくそんなふうに決めつけてしまいがちです。しかし、向き不向きは一体誰が決めたのでしょう。自分でそう思い込んでいるだけではないでしょうか。もしも、会社の上司が、この人間に営業は無理だと感じていれば、そんな人間を営業部に異動はさせません。「あいつならやれる」と思っているからこそ異動を命じるのです。何も口がうまい人間ばかりが営業に向いているわけではありません。口下手であっても、誠実に仕事をする人間であれば必ず信頼されます。

ましてや制作部にいたという経験を活かせば、営業一筋の人間には気づかない面もあるはずです。逆に営業から制作部に行かされたとしても、それまでの営業経験は貴重な意見となるでしょう。

禅的思考の中には、二者択一の考え方はありません。善悪、好き嫌い、敵味方、成功失敗、合う合わない。人はすぐ、このように考えがちです。しかし、**こうした発想は自分自身の世界を狭めていくだけです。**

二元的な考え方をすれば、そこには選択が発生し、どちらか一方を選ばなくてはなりません。一見、選択はいい行為に思えますが、じつは選んだ瞬間、その対象に対して執着が生まれます。

制作を選んだという気持ちが強ければ執着も強くなる。この仕事以外はやりたくない、そんな発想が自分自身の可能性を狭めていることを知ってください。

これは就職する会社を選ぶときにもいえることです。私は大学でも教鞭をとっていましたが、大学生を見ていても、こだわりがあまりに強いように感じました。有名な会社、人気の業界。

もちろんやりたいことをもっているのはいいことですし、好きな会社に入りたい気持ちも分かります。

しかし、**あまりにも執着し過ぎると、本人の可能性は広がりません**。

仕事は、必ずどこかでつながっているもの。一つの業界だけでビジネスが成り立つこともありませんし、一つの職業だけで世間が動いているわけでもない。どんな仕事も互いに支え合っている。つまりは、いま希望の仕事に就けなくても、一所懸命頑張ってさえいれば、いつかチャンスは巡ってくるのです。これは転職にしても同じことでしょう。

「黄金大地」という言葉が禅にあります。黄金に輝く大地はどこにあるか。それはどこかにあるのではない。**いまいるこの場こそが黄金大地だという考えです。**

隣の場所を見て羨む、自分もあの場所に行きたい、そうすれば素晴らしいだろうと考える。ところがいざ行ってみても、そこは輝く場所ではなく、元の場所の方がマシだったと悔やむことになる。

それよりは自分がいまいる場所を自力で黄金大地に変えていく努力をすること。それがいちばん大切なのです。

あちこちに目移りせずに、現在の会社や部署に心を尽くす。あなたのいる場所を輝かせるのは、あなた自身なのです。

Q 本音を言える仲間がありいません

A 分かり合える友は少なくていい

●仲間の「数」ばかりを気にしていませんか

お寺の檀家の方で、三十代後半の青年がいました。

爽やかな青年で、会社ではサッカー部に所属し人気もあったそうです。付き合いが広く、休日もスケジュールがいっぱい。パーティーに招かれたり、大勢の友人たちと遊びに行ったり、楽しそうな生活をしていました。

その彼が、自らの命を絶ったと聞かされたとき、私は心から驚きました。

病気でもない。仕事も順調で、多くの友達に囲まれていた。

本当の理由は本人にしか分かりません。人に言えない悩みや苦しみを抱えていたのでしょう。

残念なことに、心から信頼できる友人がいなかったのだと思います。もしも一人でも分かり合える友がいれば、彼は思いとどまったはずです。

そして彼の中に、私は現代人の人間関係の危うさを感じずにはいられませんでした。

X（旧ツイッター）、フェイスブックなどのインターネットツールが盛んに利用され、そこで交流が生まれている。ネット上で知り合いを増やし、その数を競っている。もちろんそれは悪いことではないですが、**それが本当の人間関係だとはどうしても思えません**。

小学校に入学すると、「ともだち100人できるかな」という歌を唄わされる。友達が多いのが良くて、少ないことは良くないこと。そんな勘違いを大人になってもしている人が多いのではないでしょうか。

本当に分かり合える友は、2、3人いれば十分ですし、たった一人でも構いません。**上辺（うわべ）ばかりの友人をたくさん増やしたところで、心の支えにはなりません**。たった一人の信頼できる友がいれば、人は勇気をもって歩いていくことができるのです。

「把手共行」という禅語があります。読んで字のごとく、共に手を取り合って生きていくということです。苦しいとき悲しいとき、互いに励まし合いながら人生を歩んでいくことができる。そういう人間関係を築くことこそが大事なのです。

そして、この信頼関係を築くためには時間が必要です。ちょっと話しただけで築けるものではありません。

焦って人間関係を築こうとする現代人はかなり多いのではないでしょうか。数回合っただけで、いかにも親友になったような錯覚を起こしてしまう。早く、多く友達をつくりたい。そんな思いばかりが先行している気がします。

互いに分かり合うには、考え方をぶつけ合ったり、心の中をさらけ出したりして、少しずつ相手の心の中に入っていくしかない。そうすることで、揺らぐことのない信頼関係が生まれていくのです。

そして多くの時間を共有すれば、互いの食い違いが見えてきたりもします。分かり合えない部分も浮き上がってくる。

互いの立場や生まれ育ちも違うのですから、食い違いは当たり前です。それすらも乗り越えることができるかどうか。

もしも二人の隔たりを埋められなくても、それは仕方のないこと。無理をしてまで合わせる必要はないのです。

別にケンカ別れなどしなくても、心を分かち合えない者同士は、やがて疎遠になっていくもの。無理やりつなぎ止めようとせずに、自然の流れに任せること。いつの間にか関係が薄れていく。これもまた一つの人間関係なのです。

そうして残った数人の友。そんな友を大切に生きていけばいいのです。

30

Q 部下がついてきてくれません

A 技術やノウハウより「思い」を伝える

●仕事への「思い」を共有してますか

「相続」という言葉があります。現代では「遺産相続」などというように、お金などを子どもに譲ることを表しています。この言葉は、もともと仏教用語です。「相続」とは、師からの教えを受け継いでいくという意味なのです。

モノや金銭ではなく、この世に生きる人たちに安寧(あんねい)な心をもたせるためにはどうすべきか。また、どのような心をもって修行を重ねていけばいいのか。そういった教えを弟子たちに伝えていくこと。

まさに心や思いを「あいつないでいく」ことを意味していました。

明治6年ごろまで僧侶は妻帯することを許されませんでしたので、伴侶や子どもに受け継ぐべき思いを、すべて弟子に託していたのです。そして明治の初頭に、財産を受け継ぐ用語として「相続」が使われ始めたといいます。

さて、こうした「思い」を相続するということですが、会社に置き換えてみれば何になるでしょう。おそらく、会社にずっと受け継がれている理念や、あるいは諸先輩方の仕事に対する信念のようなものだと思います。そして、こうした先人たちの思いを受け継ぐことが、仕事をする上でとても重要になると私は思うのです。

しかし、現状は、どうも思いは受け継がれずに、ノウハウや技術ばかりがもてはやされている。上司が部下を指導する際も、直接的な仕事の方法論ばかりではないでしょうか。もちろんそういったことも不可欠ですが、それは仕事への根源的な情熱にはなってこない。**仕事はできるようになるが、そこに心からの喜びは生まれてこないはず**です。

仕事をしていく上での最大の喜びとは、単に成果を上げることではなく、思いを共有することなのではないでしょうか。

たった一人が成果を上げても、それは本当の喜びにはつながらない。思いを共有している仲間と苦楽を共にしてこそ、働く喜びが生じるのだと思います。

上司や先輩であるならば、ぜひ自分の思いを部下に伝えることです。「自分はこういう思いで仕事をしてきた」「この仕事は、人のために必ず役立つと信じている」と。

しつこいくらいに仕事への思いを「相続」する。**一度や二度で簡単に伝わることではありません**。師と呼ばれる僧侶は、毎日同じことを繰り返し弟子たちに伝えたものです。何年間もしつこいほどに説法を続ける。そうしてやっと、師の教えは受け継がれていったのです。

もし、会社の中の人心がバラバラになっていて、目標が共有できないのなら、その原因はこうした「思い」が受け継がれていないからではないでしょうか。

思いを共有することはとても大事なことです。みんなが同じ思いになれるからこそ、人は前に進むことができるからです。

津波によって船を流され、漁港さえも失ってしまった東北の漁師の方々がいます。彼らは国が動くのを待つことなく、自力で再建に向け動きだしました。どうしてそんな力が湧いてくるのか。それは「もう一度漁に出たい」「美味しい魚を獲って、多くの人に食べてもらいたい」そんな強い思いを共有しているからです。

獲った魚をどこで売るかなど、こういった「ノウハウ」は後から考えればいい。一刻でも早く漁師としての仕事を取り戻そう。そんな思いを共にもっているからこそ、ひとつになれるのではないでしょうか。

そしてその頑張る父親の後ろ姿を見て、息子たちもまたその心を受け継ぐ。これこそ本当の意味での心の相続だと思うのです。

31

Q 頭を下げるのが苦手です

A 挨拶で人に声をかける習慣をもつ

謝れない人はリセットできない人

ミスを犯したり良くないことをしたときに、素直に謝罪できる人が少なくなった気がします。

自分の非を認める前に、まずは一所懸命に言い訳を始める。しまいにはパソコンがうまく起動しなかったなどと言い始め、何とか責任逃れをしようと必死になる。素直に自分の非を認められない。これは現代の一つの特徴かもしれません。

自分のミスを認めず、謝らないようにしていれば、必ずそこには少しのごまかしが混ざります。まったく自分に非がないならば、堂々と主張すればいいのです。

しかし、どこかにミスがあるならば、それをごまかすために小さな嘘をつくことになる。一度ついてしまったら、その嘘を正当化するために、再び嘘をつかなければなりません。やがてその嘘が積み重なれば、今度は信頼が失われていきます。しまったと思ったときには、遅いのです。

少しでも自分に非があるのなら、まずは素直に謝ることです。**謝るというのはとても大切なことで、それは負けることでも悪いことでもありません。**

一度過ちをリセットして、新たに次の行動に移るための重要なプロセスだと私は思っています。

何かミスをして上司から叱責される。あれこれ言い訳するより素直にそれを認めて、「申し訳ありませんでした。同じ間違いをしないよう気をつけます」と真正面から謝る。これならば、上司も責め続けることはできません。

「今回は仕方がない。今後は気をつけてくれ」これで互いの関係がリセットされるでしょう。そのまま放っておくよりも、この方が火種は残りません。

私たち僧侶も、修行時代にはたくさんの失敗をします。そのたびに師や先輩からは厳しく叱責されます。そこで言い訳したり、口応えをすれば大変なことです。素直に謝り、二度と同じ失敗を繰り返さないよう心掛ける。これは**懺謝**（さんじゃ）といって、大切な修行の一つでもあります。

さて、謝らない人がいる一方で、「謝れない人」もいます。

要するに謝りたい気持ちはあるけれど、素直に思いを伝えることができないという人たちです。相手の顔を見て話すことが苦手、コミュニケーションが下手な人たちです。メールなどのコミュニケーションが多くなったために、会話をする力が衰えているのかもしれません。

もしも自分は会話下手だと思っているのであれば、まずは日々の挨拶を心掛けてみましょう。会話の苦手な人が、急に饒舌になるのは無理です。あまり自分に無理を強いていれば、やがてはそれがストレスにもなります。苦手なものは苦手だと受けとめればいい。会話が苦手でも、挨拶くらいはできることでしょう。

社内で誰かとすれ違うとき「おはようございます」と挨拶をする。エレベーターで一緒に乗り合わせたら「今日はいい天気ですね」と声をかける。にっこりと笑って挨拶をする。

信じられないかもしれませんが、たったこれだけで、人間関係というのは大きく変化するのです。

「和顔愛語（わがんあいご）」。柔らかな表情で、温かい言葉を相手にかけることですが、この習慣さえ身につければ、最初は口下手でも平気です。大切なことは、相手の目を見て言葉をかける習慣を身につけること。それができるようになれば、素直に謝ることもできるようになります。

素直に謝ることは、人づき合いの基本です。

32

Q 社内の評価が気になって仕方ありません

A 会社以外の評価を大切にする

その評価は絶対ですか

一所懸命に仕事をしているのに、なかなか上司から評価されない。同期で入社した人間よりも出世が遅れている。どうすればいいのか。そういう焦りが、やがては心の大きな負担となってきます。

ならば聞きます。どうして評価されたいのですか？　「出世したいから」。どうして出世したいのですか？　「給料が上がるから」。どうしてそんなにお金が欲しいのですか？　「たくさん欲しいものが買えるから」。たくさん欲しいものが買えることがあなたの幸せなのですか？「多分そうだと思う」。ならば、欲しいものを買うために評価されたいのですか？「……」。

禅問答みたいですが、一度、こんな問いかけを自分にしてみてはいかがでしょう。じつは、これらの問いには正解というものがありません。各人で答えは違うことでしょう。**自分自身は一体どんな答えを出すか。それを知ることで、いまとは違ったものが見えてくることもあるのです。**

社会で仕事をしている限り、評価されたいと願うのは当たり前です。それが自分自身の存在感につながるからです。

では、なぜ人は評価で苦しむのでしょう。それは、一つの評価にだけ執着しているからです。

人は社会で生きている限り、本当はたくさんの評価をもっています。直属の上司から評価されずとも、他部署の先輩が評価してくれることもある。社内で出世が遅れていても、取引先から高い評価を受けることもあるはずです。

そう考えれば、**評価というのは仕事に限ったことではありません**。友人からの評価もあれば、恋人からの評価もあります。両親や兄弟からの評価には、まったく計算などがないでしょう。

あなたが一所懸命働いてさえいれば、親はきっとこう思っているはずです。

「出世なんかしなくても、頑張ってさえいればそれでいい。人様に迷惑をかけずに元気でいてくれるだけで十分だ」と。

こんな温かい評価に、あなたはきちんと目を向けていますか?

「すべての評価」イコール「仕事での評価」という図式にとらわれ過ぎてはいけません。一人の人間に対する評価は、けっして単一のものではないからです。

仕事の評価ばかりでなく、優しさや思いやりといった心。聞き上手だったり話が面白かったりなど、いろんな評価が集まって、あなたという人間がつくられているのです。

こういう言い方に、そんな考え方は逃げにすぎないと言う人がいます。仕事をしているのだから、社内の評価がすべてなのだと。

私は、いろんな評価に目を向けることは、けっして逃げだとは思いません。**それは逃げではなく、自分という人間を大きな目でとらえること**だと思うからです。

もしいま、会社の評価ばかりが気になるのなら、そこから少し視線を外してみることです。

休日には仕事を一切忘れて、好きなことに興じてみる。釣りが得意なら「今日も大物ですね！」という言葉を魚と一緒にもって帰る。ボランティアに参加しているなら「ありがとう」という感謝の言葉を家にもって帰る。そんな仕事以外の「評価」を心の中にそっとしまっておくことで、随分と気持ちに余裕がもてるはずです。

仕事や会社の評価、それはあなたの全人格を表すものではありません。あなたの、ほんの一部にすぎないものです。

第4章

幸せを考える

いつも「いい心もち」でいるために

33

Q 仕事が順調なのに幸福感がありません

A 成果のみに重きを置かない

周囲の人が見えていますか

会社という環境で、一所懸命に仕事をする。与えられた仕事をこなして、人よりも多くの成果を出す。そうすることで給料をもらう。仕事とは、順調にいけばいくほど、自分の力への慢心が芽生えてくるものです。

自分は自分だけの力で生きているんだ。誰の世話にもなっていない。いい給料をもらえるのは、自分の能力が高いからだ。

こういう考え方になると、なかなか幸せを感じることができなくなります。

自分だけの力で仕事が成立する。そんなことは世の中にはあり得ません。たった一人で仕事をすることなど絶対に不可能です。

たとえば何かの新製品を開発したとします。そのアイデアは素晴らしいものでしょうが、製品を実際に形にしてくれる人がいなければ、それは商品として未完成のままです。商品が完成しても、それを一所懸命に売ってくれる人がいなければ商売として成り立ちません。まして買ってくれるお客さんがいるからこそ、会社は成り立つことができるわけです。

そんなこと百も承知だと言うかもしれません。しかし、わかり切っていると思っても、つい自分一人で仕事をしているような慢心が生まれる。どうしてそうなるのでしょうか。それは、**実体のあるものばかりが評価されるとあなたが思い込んでいるからです。**

そんな状態では、新商品を開発した人間ばかりが高い評価を得ると考えてしまうことでしょう。開発した人間のそばで、一所懸命支えた人間は評価の対象にならない。開発のための資料をそろえたり、会議のたびにコピーを取ったり、開発者が行き詰まった際に、隣で気分を和らげてあげたりする人もいるはずなのに。そういう人たちがなかなか評価されない環境はたしかに多くなりました。

そして、そうした周囲の人が評価されないから、目立つ実績を残した人間ばかりに目が行くようになる。

結果として鼻高々な自信過剰の人間が次々と生まれるという仕組みです。

こういう社会をつくり上げてしまった背景には、やはり教育の問題があると私は思っています。

小さい頃から、いわゆる成績のいい子ばかりが褒められる。誰に対しても優しい気持ちをもち、縁の下の力持ちになれる子がいたとしても、成績が悪ければ褒めてはもらえません。成績のいい子イコール良い子。成績の悪い子イコール良くない子という図式ができ上がってしまっているのです。

これは、私にしてみれば、明らかな差別です。

なぜならば、成績という物差しでしか人を測ろうとしてないからです。10人の子供がいれば、10通りの個性や能力があるはず。

勉強は苦手だけど、運動が得意な子もいる。勉強も運動もいま一つだけど、とても心が優しい子どももいる。そういうそれぞれが持っているいいところに目を向け、それを伸ばしてあげる。それこそが本当の平等というものではないでしょうか。

これをあなたに置き換えてみてください。きっと同じことがいえるでしょう。

成果という目に見えるものだけに固執する。まさに不平等な物の見方です。もちろん会社にとって成果を出すことは大事なことです。しかし、仕事はそれがすべてと思わないようにする。

生きるとは成果を出すことだけではありません。あなたも、そのことに少しだけ目を向けることです。

そうすれば、仕事のみならず、人間の幅も広がることでしょう。

34

Q お金もちになりたいのですが

A 損得ではなく強い「思い」を持つ

●お金目当てではお金もちになれない

現代社会では、どうしてもお金がいります。私たち僧侶は修行することが務めですが、日々の生活にはやはりお金が必要です。お金など必要ないと言うつもりはまるでありません。

ましてや普通に暮らしている人であれば、お金に余裕のある暮らしをしたいと思うのも当然です。そして、少しでも余裕のある生活をしたいと思うからこそ、毎日の仕事も頑張れるのでしょう。

ただ、仕事の目的とは、お金を得るためだけでしょうか。どんな仕事でも、ただお金さえ儲かればいいというものではありません。**お金だけでは仕事の目的にならないのです。**

極端な例を紹介します。かつてベトナム戦争の時代、多くの米軍兵たちが犠牲になりました。ベトナムで命を落とした米軍兵が、横浜の根岸にあった米軍基地に運ばれてきました。本国に運ぶ前に、まず日本に運んだのです。そこでは何をしていたのでしょう。戦争でひどく傷ついたご遺体は、手足がちぎれたり、顔面が壊れていたといいます。そのまま家族の元に帰すのはあまりにもかわいそうなので、ご遺体を修復してから本国に返そうとしたのです。

その数があまりにも多いので、基地の人たちでは追いつかず、周辺の日本人にアルバイトを頼んだわけです。ご遺体を洗い、傷ついた部分を縫い合わせる。一日その作業に従事すれば、当時で3万円ものお金が支払われたと聞きます。当時の3万円ですから、いまにしてみれば相当な金額です。

そのお金目当てに、たくさんの人たちがアルバイトに行きました。しかし、ほとんどの人は2日ともたなかったそうです。どんなにお金がたくさんもらえても、さすがにこの仕事はつらすぎると。

でも、基地に勤務している米軍兵たちは、特別な手当てをもらうことなく、その仕事に従事していたのです。どうして彼らはその仕事をやることができたのでしょう。

一言で言えば、それは**「使命感」**だったのではないでしょうか。自分の仲間たちが命を落として運ばれてくる。せめて傷ついた身体を綺麗にしてやりたい。そういう思いを持っていたからこそ、ご遺体を修復するというつらい作業ができた。お金だけを目的とした人にはそれができなかった。

刺激的なエピソードですが、ここに仕事の本質があるような気がします。どんな仕事でも、つらさや厳しさは必ずあります。楽しいだけの仕事などありません。

では、その厳しさに立ち向かえる原動力とは何か。**それは決してお金ではない。それは仕事に対する真摯な使命感や思い**。そういうものがなければ、仕事を完遂することなどできないはずです。

常に損得勘定を口にする人がいます。この仕事は儲かる、あの仕事は儲からない。だから適当にやればいい。あるいは得をすると思う人には頭を下げ、得にならないと思う人は蔑ろにする。私はそういう人で、実際にお金持ちになった人を知りません。

お金にとらわれている人のところには、不思議とお金は寄ってこない、そういうものではないでしょうか。

私の檀家さんにも、いわゆる成功者といわれる人たちがたくさんいます。**その人たちに共通することは、仕事に対する「思い」が人一倍強い**ということです。

先ほどの基地での仕事でいうならば、涙をこらえて、ご遺体と向き合うことのできる人たちです。

35

Q 人から尊敬されたいのですが

A 自分の損得より人のためになることをする

◉「徳」があなたを押し上げます

「あの人は徳がある」。よく会話の中に出てくる言葉ですが、この「徳」とは一体何のことなのでしょうか。日本人は、昔からこの「徳」というものに目を向けてきました。

仏教の世界では、臨済宗の中興の祖とされる白隠禅師が、徳を持った人物として語り継がれています。白隠禅師は静岡にある原の松蔭寺というお寺で生涯を過ごしました。大きなお寺からの招きも断り、地位や名誉にはまるでこだわらず修行に励んだそうです。

原の松蔭寺は小さなお寺であったにもかかわらず、たくさんの僧侶が白隠禅師の教えを請うために集まってきたといいます。それは白隠禅師の徳のなせる技だったのです。

修行をした僧侶がみな徳を備えているわけではありません。立派なお寺の住職をやっていても弟子が一向に集まらないという人もいます。

しかし、**徳のある人の下には、自然とたくさんの人が集まってくる。これはいまも昔も変わりません**。

そして、徳とは何かということですが、結局のところ、**自らの欲望を捨て、他人のために尽くすこと**だと私は考えています。自分の損得を優先させないで、まずは周りの人の役に立つことを考えられるかどうか。

たとえば会社で仕事をしている。隣の同僚を見ると、やり切れないほどの仕事を抱えている。このままでいくと長時間残業になるだろう。そんなとき、自分の仕事の手を止めて手伝ってあげられるでしょうか。

もしくは誰もが嫌がるような仕事でも、進んで「やります」と言えるでしょうか。みんなが手を上げなくとも「私がやります」というのは勇気がいることでしょう。ひょっとしたら「上司の機嫌取りだ」と陰口を言われるかもしれない。

しかし、そんなことを気にしてはいけません。もしそう言われたら、「一緒にやりませんか」と言えばいいのです。相手は次の言葉が出ないことでしょう。

このように周りの雑音を気にせず、人のためになるよう心掛けをすることです。それはどんな小さなことでもいい。

周りの人から「ありがとう。助かった」と言われること。その積み重ねで、自然とポジションは上がっていくものです。

自ら進んで部長になりたいわけではない。しかし、気がつけば周りから部長に推薦されていた。誰かを盛り立てているつもりが、いつの間にか自分が盛り立てられていた。

結局、最後は「徳」があなたを押し上げてくれるのです。

こうなれば仕事は順調に進むでしょう。みんなを蹴落としてきたわけではありませんから、嫉妬心や悪口は生まれてきません。スタート時から周りが味方してくれるからです。

もちろん、どうしようもないこともそこにはあります。それは他人の気持ちは計り知れないということ。

自分は相手のためを思ってやった行為でも、すべて善意と取ってくれるかは分からないということ。善意が悪意と思われることもあることでしょう。これらは仕方がないことだと思います。

人間の心はそう単純なものではありません。同じ言葉や行為も、善意に受け取ることもあれば悪意に感じることもある。それをいちいち気に病まないこと。

それよりは、まだまだ自分には徳が足りない。それくらいに思う余裕を持つことです。

36

Q

一人が寂しいと感じてなりません

A

1日30分でいいから一人になる

ただ流される人生を送っていませんか

一人でいると不安を感じる人が多いように思います。孤独になるのが嫌で、いつも誰かとつながろうとする。いつ何時でも携帯電話にくぎづけになっている。それはあまりいいことだとは思いません。

そこには自分自身を見つめる時間がないからです。

人間にとって、孤独になる時間はとても大切なのです。自分はいまどこに立ち、どこに向かって歩いているのか。自分という存在と向き合い、静かに内省する時間。それは孤独でなければできません。

世間の流れに身を委ねていると、いつの間にか自分自身が見えなくなることがあります。昔から抱いていた夢、歩むべき道までもが流れにのまれて、ただ流される人生になってしまう。それは本来の人生ではないし、幸せもそこには宿らないでしょう。自分本来の姿を取り戻すためにも、孤独と向き合うことが必要なのです。

そして、そのためには**携帯電話などの電源を切るだけでいい**のです。たったそれだけでいい。会社勤めをしていても、家庭をもっていても、孤独な時間は簡単につくれます。休日に、30分でもいいから、一人で公園に行ってみる。ベンチに座り、そこに息づく自然を心静かに眺めてみる。

そして、自然を見ていると、そこには絶対に無理がないことがわかるはずです。自然は、すべてが道理にかなっているものです。もしかなっていなければ、その自然は長く続きません。毎年木々が緑の葉をつけ、花が咲く。これらはすべて道理にかなっているからです。

その自然と対峙しながら、自分自身を見つめ直してみましょう。

もしもいま、うまくいっていなかったり、あるいはつらい思いを抱えているとしたら、それは道理にかなっていないからです。

どこかで無理をしている。本来の自分とは違うことをしている。それが原因です。そして、そのことに気づかせてくれるのが、孤独という状況なのです。

孤立という言葉があります。他人や社会との関係が失われることですから、これはかなりつらいことです。

しかし、孤立と孤独はまったく意味が違います。孤独とはあくまで個人の心のもちようなのです。

24時間孤独でいることはできません。しかし、1日のうちで、数十分孤独になることは誰にでもできます。そして、そういう時間は誰もがもっているはず。

毎朝の出勤時など、家から駅までは一人で歩くはずです。そんなわずかな時間に目を向けてみてください。携帯電話ではなく、木々や道端に落ちている石ころに目をやってみる。いま自分はどこに立っているのかということに思いを馳せつつ歩く。そういう時間をもつだけで、周りに流されない自分は築けます。

「**水急不月流**(みずきゅうにしてつきをながさず)」。川面に映っている月の姿は、水がいかに速く流れようが、流されることはないという意味です。そして流れる川は世の中とも置き換えられます。その流れは速かったり遅かったりする。その流れにのみ込まれてしまうと、自分の姿が見えなくなる。

川面に映っている月とは自分の本当の姿です。どんなに世の中という流れが速くても、それに流されてはいけない。そしてそのためには、いつも自分の姿をしっかり見つめる必要がある。

孤独という時間が、川面に映る月の姿をくっきりと見せてくれるのです。

37

Q ずるい方法で出世した人を許せません

A 羨むのをやめ、輝く人の美点から学ぶ

●他人を妬んでも何も変わらない

つい他人と比べて、つい相手を羨ましいと思ってしまう。そればかりか、相手の悪口まで言ってしまう。そんな弱さが人間にはあるものです。

組織の中には、うまく上司に取り入って出世する人間もいることでしょう。誰が見ても実績のみの栄達とはいえないことがよくあります。ですが、人間には感情があるのですから、これは仕方のないことでしょう。

そんなふうに出世した人間を見て「お世辞がうまいだけだ。俺はあんなやり方はしない」と悪口を言ってしまう人がよくいます。

しかし、本当に心からこう思っているのであれば、その人は他人を絶対に羨んだりはしないのではないでしょうか。自分もうまく取り入りたいけど、できない。どこかでそう思っているからこそ、羨むという感情が生じるのです。

人を羨んだり妬んだりしても、結局は何も生まれません。そこから生まれるのはマイナスばかり。すなわち自分自身を貶(おとし)めるだけです。

かといって社会生活を営んでいる限り、100%他人と比較しないことも難しいでしょう。どうしても他人のことが気になる。それもまた人間の性(さが)です。

大切なことは、あなたが相手の何に注目をするか、ということではないでしょうか。収入や家などの持ち物に注目する、社内の地位や評価などに注目する。こんなことばかりに目がいく人は、**その人生において、もっとも無駄な時間を過ごしているとしか言いようがありません。**

他人とこのような点で比較して、羨んだところで、自分の何かが変わることは絶対にないからです。

羨むことで発奮するならまだしも、ただ愚痴をこぼすだけなら、もっと自分がやるべきことにこそ注目することです。

どうしても他人と比べてしまうという人は、相手の「輝き度」を見ることです。何度も申し上げていますが、**人間にとっていちばん大切なのは、「いま」という時間を一所懸命に生きることです。**

結果など考えず、「いま」やるべきことを必死になってやる。そんな人に、周囲は魅力とエネルギーを感じるのです。そして一所懸命に努力をしている人のもとには、大勢の人が集まってきます。

さらに人が集まることで、自然と結果は良いものになっていく、これが世の中というものなのです。

輝きを放っている人をよく見てみること。そういう人を見て、果たして自分は一所懸命努力をしているかと内省することです。

「薫習（くんじゅう）」という禅語があります。日本には古くから衣替えの習慣がありました。

季節変わりになると、防虫剤としてお香を入れて衣服をしまいます。再び季節が巡り、しまっておいた衣服を取り出す。そうするとお香のいい香りが衣服に移っている。

この香りは、衣服そのものが放つものではありません。本来の衣服には何の香りもついていない。その香りはあくまでもお香が移ったにすぎない。

人間もこれと同じだと、この禅語は教えています。

つまり一所懸命努力をして輝く人の傍にいれば、知らないうちにその輝きが自分にも移ってくる。その人の言動や考え方から、たくさんのことを学ぶことができ、自分自身も成長していくというものです。

羨む心を捨て、「薫習」の心をもちましょう。

大切なのは、**どこを見るべきか、何を見習うかを考えること**です。

Q 自分には人望がないように思えます

A 人のためにどれだけ尽くしたかが、人望になる

人望は実績や地位とは無関係

私はこれまで、多くのご葬儀を執り行ってきました。その都度、思い知らされることがあります。それは、**「死にざま」は「生きざま」そのもの**ということです。ある人がどんな人生を送り、他人と関係してきたかは、ご葬儀の際に垣間見られるということです。

AさんBさんという二人の檀家さんのご葬儀を執り行ったときの話です。Aさんは大企業に勤務していて相当な地位に就いていた。いつもパリッとした服装で、堂々たる振る舞いの方でした。そんなAさんのご葬儀の際、ご家族の方が打ち合わせにいらして、本人にふさわしい盛大なご葬儀にしたいとおっしゃいました。「主人は○○社で役員だったので、参列者の数は相当になると思います。それに恥ずかしくないよう準備をお願いします」と。

私はご家族の要望どおりの準備をしていました。

ところがふたを開けてみると、お通夜にはご家族が言う人数のお参りはなく、いらした人たちも、お焼香を済ませてすぐに帰っていく。翌日のご葬儀も参列者が少なく閑散としていました。ご家族は寂しそうで、気の毒に思ったものです。

もう一方は、Bさんのお葬式。Bさんは小さな町工場を細々とやっていた。何度も倒産しかけた工場を必死になって守り続けてきた。これといった業績を上げたこともなく、ただ従業員と家族の生活を支えるためにコツコツと働いてきた方でした。いつも作業着でお寺にいらして、ニコニコとした優しい笑顔が忘れられない方でした。

Bさんの息子さんがご葬儀の打ち合わせに来ておっしゃいました。「父は目立ちませんでしたし、工場も小さいので取引先もわずかです。ご葬儀にいらっしゃる方も少ないと思います。100名分くらいを予定していただければ十分だと思います」と。

費用もそれほどかけられないので、質素に済まそうと息子さんも思っていたのだと思います。

ところが、参列者は100名どころではなかった。お通夜から、ひっきりなしに人が集まったのです。お焼香を終えても帰ろうとはせず、みなさん息子さんのところに挨拶に来て、口々にお礼を言っているのです。

「お父さんには随分と助けられました」「私がいまこうしていられるのは、お父さんのおかげです」「いつか恩返しをしたいと思っていたのに、本当に残念です」

涙を流し、息子さんの手を握る人もいます。息子さんも、その手を握り返して涙を浮かべていました。

ご葬儀を終えて、息子さんは私に言いました。「父は、たくさんの人から慕われていたんですね。私は心から父のことを誇りに思います」と。

AさんBさんという二人のご葬儀。別に比較してあれこれと言うつもりはありません。ただ、その人の死にざまというのは、まさに生きざまそのものであることを思い知らされたような気がするのです。

いい人生とは何か？

それは、**実績や成功の数などというもので表すことはできない。それはきっと、人々の心の中にあるのではないでしょうか。**

「あの人がいてくれてよかった」「あの人にもう会えないと思うと、涙が出てくる」こんなふうに思ってくれる人がどれだけいるか、どれだけ人のために尽くすことができたのか。

人生を測る尺度とは、そういうものだと私は思います。

第5章

生き方を考える

いつも「いい1日」を過ごすために

39

Q

何に対しても情熱がもてません

A

何もしないより失敗覚悟でやってみる

●失敗について考えてみる

「草食系男子」という流行語がありました。仕事でも恋愛でも熱くなることがなく、飄々（ひょうひょう）と生きている男性のことをさすようです。

どうしてこのような男性が増えたのか。その大きな原因は、失敗することを許さない社会と関係があると私は考えています。

かつては失敗を恐れることなく、新しい仕事にチャレンジする人が評価をされてきました。一度や二度失敗しても、そこから何かを学んでいけばいい。どうして失敗したかを自分自身で考え、その誤りを次に生かしていく。その繰り返しで力を蓄えていったものです。

ところがいまの社会は失敗を許しません。一度失敗してしまうと二度目のチャンスは簡単にもらえない。つまりプロセスではなく結果のみが評価の対象になる。まさに欧米型の評価システムが根づいてしまいました。

このような社会では、思いきったことができなくなります。チャレンジをしても失敗すれば追いやられる。ならば上司に言われたことだけをこなしていればいい。草原の草を静かに食べる動物のように。これが草食系男子の正体です。

まったく失敗をしない人間などいませんし、やることすべてに成功する人間も絶対にいません。**大事なことは失敗から何を学ぶか**です。

一度失敗をして、干されてしまおうが、それでもめげず立ち上がる。失敗から多くのことを学び、次なるチャレンジに備える。一所懸命に努力を重ねていれば、必ずチャンスは訪れます。チャンスが与えられないのなら、自らの手で摑（つか）み取っていくくらいの気概を持つのです。

「もう君は失敗したから」と言われても、そんな言葉などに負けてはいけません。社内で出世をしている人間がいると思いますが、「あいつは上司から気に入られているからだ」「力はさほど変わらないのに」などと思う前に、その相手をよく観察することです。仕事もできないのに出世する。それほど会社は甘くないと思います。

出世する人間というのは、必ず失敗を自分の栄養に変えているものです。そして、一度や二度の失敗ではあきらめない強い気持ちをもっているはずだし、草食系男子を気取り、斜に構えたりもしないはずです。

「失敗が許されない」の本当の意味は、失敗することが許されないのではなく、失敗を生かさないことが許されないのではないでしょうか。確かに結果ばかりを求められる社会かもしれませんが、そればかりを言い訳にしないことです。

すべての物事には、必ずプロセスがあります。プロセスなき結果などはあり得ません。だからこそ、プロセスを大事にすること。初めに結果を考えるのではなく、「いま」取り組んでいるプロセスに集中することです。

「魚行きて水濁る」という言葉が禅にはあります。

魚が泳げば、必ず水は濁る。この言葉の直接的解釈は「自らの行為には必ず跡が残る」という意味ですが、もう少し解釈を広げれば、**「自分のやるべきことをコツコツとやっていれば、必ず誰かがそれを見ていてくれる」**ということと、**「プロセスを手抜きしたり、あるいは虚偽を隠して結果を出しても、それもまた誰かに見られている」**という意味になります。

自分に正直に、そして地道な努力を惜しまないことです。水中にあって、泳ぐことをしないなら、確かに水は濁らないかもしれません。

しかし、たとえ水を濁しても一所懸命に泳ぐこと。それが生きているという証なのです。

40

Q

職を失ってしまいました

A

失って芽生える可能性を信じる

●次に備える

業績悪化のために会社からリストラされる。会社が倒産して職を失う。いずれにしても、そのショックは相当なものでしょう。

まして養う家族がいれば、絶望的な気分に陥ってしまいます。先が見えない不安というのは深刻なものです。

絶望的な気分にもなるでしょうが、それを引きずっていても前には一歩も進みません。

「災い転じて福となす」という言葉があるように、災いを善き方向に変えていかなければばなりません。

もしも理不尽なリストラをされたのならば、それをバネにするくらいの気持ちを持つことです。

「もっといい仕事をして、リストラをした会社を見返してやろう」「辞めさせなければよかったと思わせるくらいに頑張ってやろう」そういう気概さえ持てれば、必ずや次ではうまくいくはずです。

プロ野球選手などでも、一度解雇されて次の球団で素晴らしい成績を上げる選手はたくさんいます。そこにはやはり、見返してやるという気持ちが強くあるからです。裏を返せば、前の球団にいたときには、どこかに甘えがあり、頑張らなくても契約更新はしてもらえると思い込んでいたのかもしれない。これは会社員でも同じことだと思います。

この会社にはずっと勤められる。ならば失敗して評価を落とすより、無難に与えられた仕事だけをこなしていよう。きっとこういう人がリストラの対象となるのではないでしょうか。

ただ、最近では震災などによって職を失った人もたくさんいます。そういう方にとっては、なかなか前向きな気持ちも生まれてこないでしょう。あまりにも大きな災いに襲われたために、深い絶望の中を未だに漂っている方もいるかもしれない。

そういう人たちに、私は**「本来無一物」**という言葉を贈りたいと思います。

人間は、生まれてくるときには「無一物」、つまり何も持っていない。裸でこの世に生まれてくる。

しかし大人になり社会生活を送っていく中で、人はさまざまなものを手に入れる。それはお金や仕事であったり、あるいは家族や友人であったりする。たくさんのものを手に入れることで、幸せだと感じるようになるのです。

ところが人間は、一旦手に入れたものを無くすことをとにかく怖がる。絶対に手放すまいと、必死になってそれらを守ろうとする。それが執着というもので、執着心を持つと不安や恐怖が芽生えてくるのです。

何かを手に入れることは悪いことではありません。しかし、**それらに執着することは、自分を苦しめる原因ともなる**のです。

人間は無一物で生まれてきて、そして無一物で死んでいく。慰めにはならないかもしれませんが、心の隅っこにこの言葉をとどめておいてほしいと思います。

ただし、人間は無一物だけの存在ではありません。**「無一物中無尽蔵」**という言葉も禅語にはあります。人間とは本来、何もない存在である。しかし、その無一物の中には無尽蔵の可能性をもっているという意味です。

仕事を失うことは怖いことです。これまでの努力が摘まれてしまうように感じるでしょう。しかし、失ったからこそ芽生えてくる可能性は無尽蔵にある。

何もないということは、すなわち何でもできるということ。

絶望の中に立ち止まっているよりは、顔を上げて、歩きだすことが大切です。

41

Q

なかなかリフレッシュできません

A

不便と思われることを取り入れる

◎自然の中で働く人にうつ病は少ないもの

年間の自殺者が2万人を超えています。その10倍以上の30万人が自殺未遂を起こし、その大きな原因であるうつ病を患っている人は600万人に及ぶといわれています。この数字だけでも日本社会の危うさを感じずにはいられません。

何となく気分が落ち込む、やる気が起こらない。昔からそんなことはよくあったものです。調子がいいときもあれば悪いときもある。人間ならばそれも当然のことです。

昔であれば気分転換をしながら乗り越えてきました。自然の中に身を置いて身体を動かしたりすることで、自分の心と身体を守ってきたのです。

いま、かなりの勢いでうつ病が増えているとすれば、それは職場環境というものが大きく影響しているのではないでしょうか。**人間の心と身体は、一つです**。心が疲れたら、身体を使ってリフレッシュすることで元気になるし、身体が疲れたら、心の中を穏やかにすることで疲れが癒やされる。

ところが現在の職場は、身体を使ってリフレッシュすることがなかなかできません。自然や季節を感じないコンクリートの建物に閉じこもり、ひたすらパソコンと向き合って一日を過ごす。閉ざされた空間に身を置き続けると、心と身体のバランスは崩れてしまうのです。

農業や漁業に従事する人に、うつ病は少ないと聞いたことがあります。彼らは自然の中で、常に身体を動かしながら仕事をしています。つらいときもあるでしょうが、それこそが心身にとっていい影響になっているのではないでしょうか。

工場などでは、毎朝仕事に取りかかる前にラジオ体操をします。硬い身体では事故につながりやすいからです。たとえばこういうことも、事務職に従事する人は取り入れてみてはどうでしょうか。会社全体でやるのが無理ならば、自分で身体を動かす時間をつくることです。疲れたらデスクに座ったままで伸びをするでしょう。それだけでなく、**2分でいいから外に出て、思いっきり身体を伸ばしてみてください。**たったそれだけで、身体と心のバランスを取り戻すことができます。

そんな簡単なことくらいすぐにでもできる。そう思える人は大丈夫です。本当に心が疲れてくると、その簡単なことさえ億劫（おっくう）になってきます。気分転換すればいいと思っていても、なかなか行動に移せません。そういう人は、無理やりにでも身体を動かす時間をつくってみましょう。

試しに、お昼休みの5分間、静かに坐禅を組むという習慣を会社でやってはどうでしょうか。何も床に座らなくても構いません。イスに腰掛けてでも、あるいは立っていても坐禅はできます。現に「椅子坐禅」や「立禅」という方法もあるくらいです。**静かに自分の周りに円を意識して呼吸を繰り返し、何も考えない時間をつくってみるだけでいいのです。**

もう一つは、**あえて不便な状況をつくり出すこと**です。現代社会は不便さを嫌います。

効率最優先の社会ですからこれは仕方ないかもしれません。

しかし、人間とはじつのところ効率的な生き物ではありません。たくさんの無駄があればこそ生きられる存在なのです。そして、**その無駄の中に安らぎや幸福感が宿っています。**

ほとんどの会社では、連絡手段としてメールや内線電話を使います。一瞬で相手に伝わるのですから、確かに効率的です。しかし、そこであえて自分の足で相手に伝えに行く。階段を使って相手がいるフロアに行き、そこで言葉にして伝える。こうした少しの不便さをつくることで、意外とリフレッシュはできるものです。

心の病気に効くクスリは、身近なところにあるものです。

42

Q

人生の成功とは何でしょう

A

人に尽くす心がなければ真の成功はない

死ぬときに分かります

成功者になりたい。勝ち組に入りたい。口ぐせのようにそういう人がたくさんいます。人生における成功とは何か？　とても難しい問いかけです。

「我が人生に一片の悔いなし」という言葉もあるように、与えられた人生を生き切ったと死に際に思える人こそが、人生の成功者ではないかと私は思っています。

１００%思い残すことはないと言える人は少ないことでしょう。そんな人は、ごく稀にしかいません。それでも、自分は十分生きたと納得できる人生こそが、成功者の人生だと思うのです。

思い返せば、つらく苦しいことや後悔も多々あった。その代わり、楽しい思い出もたくさんある。仕事での達成感や、初めて我が子を抱いたときの何とも言えない幸せな気持ち。そんなさまざまな思い出とともに、あの世へ旅立っていくことだと思います。

けっして、**物や財産を残すことだけが成功ではありません**。そんなもののために私たちは生きているのではない。たくさんの人に惜しまれて亡くなる。家族だけでなく、たくさんの人たちが葬儀の場に来てくれて、生前の思い出を語ってくれる。多くの人の感謝に包まれながら逝く。それこそが成功者の人生だと私は信じています。

一方で、過去の成功から抜け切れない人がたくさんいます。あのときのように、もう一度大きな成功を収めたい。焦れば焦るほどうまくいかない。反対に、過去の失敗体験ばかりを気に病む人もいる。どうせ自分は成功などしないのだ、やっても失敗するだけだ、という人です。

もし過去にばかりとらわれるならば、それは自分自身の人生に対して失礼なことだと思います。いまこの本を読んでいる読者の方々にお伝えしたいことは、**あなたの人生は**

まだ終わっていないということ。

皆さんは、いままさに、人生の真っ只中に生きていて、過去を生きているのではありません。いまという現在にしか存在しないのです。旅の途中で立ち止まっていては、何も始まりません。終着駅まで、一所懸命人生を生きることが大事なのです。

途中で立ち止まり、悔やんでばかりいること、そのことがすなわち人生の失敗ではないでしょうか。

人間の幸せとは、人と人との関係の中にしか生まれません。**この世でたった一人、自分だけ幸せ、そんなことはあり得ないのです**。周りの人たちも幸せな状態になって、初めて本当の幸せを味わうことができる。成功もこれと同じです。自分一人だけが成功者になる。独り勝ちをする。たとえそういう状況があったとしても、独り勝ちに真の幸せが訪れることなどないのです。

仏教では、他（ほか）とかかわり合って、はじめて総（すべ）てのものの存在が可能になると考えます。

それゆえ、人のために尽くすこと、幸せを分け与えること、これこそ人としての幸せだと教えているのです。余裕さえあれば、困っている人のために何かをしたい。そう思う人が多いのかもしれません。

しかし、本当の意味で人のために尽くすということは、金銭的にも精神的にも余裕がなくとも、何ももたなくとも人に分け与えるという心のことなのです。相手と同じくらい裕福でなくとも、自分のできる範囲でおすそ分けをする気もちが大切です。それは、たくさんの物品でなく、笑顔だったとしてもいい。心から人に尽くすこと、それ自体が尊いのですから。

その尊い心こそが、真の成功へと導いてくれるものだと私は思います。

43

Q 実力が発揮できない環境にいます

A 職場を気にするより、自分だけの技を磨く

●どこにでも上には上がいる

社会には、じつにたくさんの土俵があります。同じ目標をもっていたり、あるいは同じことが好きだという人たちが一つの土俵に上がって切磋琢磨している。経営者になりたいと願っている人が集まる土俵、物づくりが好きな人が集まる土俵などさまざまです。

自分が上がるべき土俵を探し、そこに身を置いてみることは大切なことです。そして、思い切って土俵に上がってみれば分かりますが、そこには自分よりも才能豊かな人が大

勢いる。得意な分野と思っていたが、自分以上の人間がわんさかそこにいる。

しかし、そんなことでメゲて土俵から下りてはいけません。自分と誰かを比べることなどせずに、自分が決めた土俵の上で、自分にしかできない技をせっせと磨くことです。相撲の土俵にしても上手投げが得意な力士もいれば、押し相撲が得意な力士もいるはず。体格が違うのですから、自分に見合った技を磨くだけです。

人生もこれと同じです。誰もがみんな才能をもっている。自分の才能を信じて、自分にしかできないものを見つけること。

また、**才能がある人の方が最終的にいい結果を生むとは限りません**。それより才能があまりないために、いい結果が出ることもあるのです。

そしてもう一つお伝えしたいことは、自分が上るべき土俵は、けっして一つだけではないということです。

会社では、自分で好きな部署を選べません。君はこの土俵に上がりなさいと命令されるだけです。

そしてその土俵で頑張るわけですが、なかなか評価されないこともある。すると大抵の人は落ち込んでしまいます。

自分はダメな人間だと思い込んでしまう人もいる。

あるいは会社という土俵から追い出されてしまう人もいるでしょう。いわゆるリストラです。

たしかにショックなことではありますが、あなたの土俵はいまいる会社だけではありません。社会の中にはあなたが上がるべき土俵はたくさんある。

一つの部署や一つの会社だけが唯一無二の土表ではないことを知ってください。

「人間到処有青山（じんかんいたるところにせいざんあり）」。という言葉があります。「青山」とは、分かりやすく言えば、自分にとってのお墓ということ。

人はどうしても、いま自分がいる場所に執着をしてしまいます。この会社がすべてだ。この部署以外には行きたくない。これこそが自分にとっての仕事なのだと。

自分が働く会社や、仕事に愛着を感じるのは当然のことです。それは悪いことではありません。ただし、それだけに執着してはいけない。

あまり一つの土俵にこだわっていると、周りにある幸せがどんどん見えなくなっていく

こともあるのです。

自分がいる土俵に幸せの種が落ちていないのなら、隣の土俵に上がって探してみればいい。視野を広げて見れば、どこかに必ず青山はあるものです。

ただし、**どこに行っても自分が主体となって努力をすることが大事**です。

「随所に主となれば立処皆真なり」という言葉が禅語にあります。

人間はいかなるとき、いかなる場所においても、自分自身が主体とならなくてはいけない。その自分がいるべき場所に立つことで、自分の中にある真実と出合うことができる。そういう意味です。

誰かに頼るのではなく、自分が主体となってそこでやり抜くこと。

青山がどこかにあるというより、その場所を自分の努力によって、青山に変えていくことです。

44

Q 好きなことで食べていけますか？

A もともと好きだったものを大切にする

●無理と決めつけなければ叶う

「いまの仕事はやりたいことではない」「本当はもっと好きなことをやりたかった」では、そう言う人に尋ねます。「あなたの好きなことは何ですか？」と。

「絵を描くことが好きだったけど、その世界は厳しくて」というように答える人が多いことでしょう。

どうして最初から無理だと決めつけてしまうのでしょうか。もちろん画家として食べていくことは、相当に難しいことでしょう。

しかし、絵の周辺にはいろんな仕事があります。画廊で働く、美術の講師になる。少し視野を広げれば、必ず好きな世界の仕事はあるものです。

「絵では食えない」「小説家では生活できない」このように、人は決めつけてしまいがちです。

もしもそれが本当ならば、この世に画家や小説家は一人もいないはずです。画廊や出版社なども存在しないのではないでしょうか。「〇〇では食べていけない」と言うのは、単なる逃げ口上に思えるのです。本当に好きなことを仕事にしたいのなら、努力をすれば必ずできる、少なくとも私はそう思っています。

「無理だ」と嘆く人は、ただ「やらない」だけではないでしょうか。

最初に仕事を選んだときのことを思い出してみましょう。仕事を選ぶ際は、大抵置かれた環境や条件から考えたりするものです。大学の経済学部卒なら金融系に就職するのが一般的だと。本当は釣りが大好きですが、釣りで生計を立てることは難しいはずだし、銀行に就職した方が安定するに違いない。多くの人はこのような考え方で仕事を選択しています。

「好きなもの」と現実を分けて考える。それで満足ならば言うことはありませんが、もしもどこかに不満が付きまとうのなら、それは幸せな人生だとはいえません。

ならば発想を逆転させてみるのです。自分は釣りが好き。そこからスタートするわけです。ずっと釣りをするには、一体どんな仕事があるのかを考える。釣具店で働くもよし、釣り道具の職人もよし、あるいは釣り雑誌で働くもよし。その周辺にはたくさんの仕事があるはずです。給料が高いとか、将来が安定しているという理由ではなく、好きだからという理由を優先させて仕事を選んでみる。それこそが成功につながるのです。なぜならば、**好きなことを仕事にしていれば、多少の苦労は平気ですし、逆に、合わないと思うから仕事の苦労は増えるのです。**

私の友人で、有名大学の商学部を卒業した人間がいました。周りはみんな銀行員などを目指している。しかし彼はあまり気が進まないと言っていた。そして卒業してだいぶ経って久しぶりに会ったとき、彼はどうなっていたでしょうか？　何と、彼はもう一度歯学部に入り直し、歯医者になっていたのです。

「どうしてまた？」と聞くと、彼は言いました。「俺は小さい頃からプラモデルをつくったりするのが好きだったからね」と。考えてみれば小さなものを加工するという点では歯科医も同じなのでしょう。プラモデルの延長線上に歯医者があるのですから、職業というのは面白いものです。

いずれにしても、自分が好きなことを大事にすることです。小さい頃から好きだったこと、ずっとやってみたいと思っていたこと。そういうものを頭から否定する必要はありません。**好きなものというのは、必ず仕事の視野を広げてくれます。**好きなものだからこそ新しい発想を生みだし、ときには自分を救ってくれたりもする。

そして、**好きなものを大切にすることは、すなわち人生を大切にすることにもつながるのです。**

45

Q 人生が見えなくなっている気がします

A 親の経験からルーツを学ぶ

●実家に帰ってみる

一昔前の日本には、いまのような多種多様の職業はありませんでした。農家に生まれた子は農家を継ぐ。漁師の家に生まれた子は中学を卒業すると海へ出る。それが当たり前の時代でした。仕事や人生を選択する余地がない。そこには人生を決めつけられるような息苦しさはありましたが、その一方では安心感のようなものがあったのだと思います。選択肢がないということは、迷う必要もないということでした。

ところが現代は、自分の責任において仕事や生き方を選ばなくてはなりません。自由に選ぶことができる一方、当然のことながら迷いは多くなってきます。本当にこの仕事でいいのだろうか。自分にはもっと別の道があるのではないか。もっと素晴らしい可能性を秘めているのではないか。そんなことをつい考えてしまう。

あるいは実際に自分で選択したにもかかわらず、道半ばで後悔することもあるかもしれません。やはり自分の選択は間違っていたと。また、自分が好きな仕事に就いたとしても、結局は日々のノルマに追われるだけ。思っていた世界とはまったく違うことに気がついたりもします。

人生を選択するということは、じつはとても苦しいことかもしれません。選んでも選ばなくても悩みは尽きない。仕事に対してだけでなく、自分の人生そのものが見えなくなってしまう。真面目に生きている人だからこそ、そういう悩みに遭遇するのでしょう。

自分が見えなくなったとき、自分の居場所ややるべきことがわからなくなったときは、親御さんに会いに行くことです。日帰りでも構わない。あなた一人で訪ねてみるのです。もしも祖父や祖母が健在であれば、そこを訪ねても構いません。そして静かに酒でも酌み交わしながら、昔話をすることです。

親がどんな思いでこれまで生きてきたか。その思い出話を聞くことです。もしも人生に迷っているのなら、それに関することを聞いてみてください。

「父さんは、どんなときに迷ったの？　その迷いからどう抜け出したの？」「母さんは、本当はどんな人生を生きたかったの？」「お爺さんは、小さい頃何が得意だったの？」と。

「父さんの人生は、迷ってばかりだったなあ」「母さんの願いは、あなたが元気で暮らしていくことだけよ」「爺ちゃんは、大工さんに憧れていたんだ」これらの何でもないやり取りの中に、あなたの悩みに対する答えが隠されているはずです。直接的な答えでなくとも、そこには大きなヒントが埋もれている。

そこには自分自身のルーツがあるからです。人は誰しも真っ白な状態で生まれてきます。何も持たずに、そして限りない可能性を抱いて生まれてくる。そして成長していく過程で、いろんなものを身につけていく。好き嫌いや得手不得手ができてくる。それらは生まれ育った家、遊び回った海や山、そして両親が育んでくれたたくさんのものに影響されているのです。その**自分自身のルーツを思い出すことで、再び自分を取り戻すことができる**。私はそう思っています。

どうしてもデザインの道に進みたいという学生がいました。ご両親はビジネスマンで、デザインの仕事などまったく縁がないといいます。しかしよく聞けば、彼のお爺さんが小さい頃に絵が得意だったのだそうです。そういうことはよくあります。彼はお爺さんの絵の才能を受け継いでいるのではありません。絵が好きだという「心」を受け継いでいるのです。遺伝とはそういうものです。

迷ったときには実家を訪ねて、自分は両親や祖父母から何を受け継いだのだろうと思いを馳せ、あなたのルーツに触れてみてください。

46

Q メンタル的に弱いと感じます

A 誰かの幸せのために生きると強くなれる

●自分のためのみに生きていませんか

人は誰しも強さに惹かれます。強い人を見るにつけ、物事がうまくいかないにつけ、人は強くなりたいと願うものでしょう。

では、強さとは一体何なのでしょう。

「意見をきちんと主張できる人」「多少のことではめげない人」「逆境でも、それを跳ね返せる人」おそらくはこういうイメージをもっているのではないでしょうか。

しかし私が思う強さは、そういうものではありません。

人としての本当の強さとは、生きる上での「信念」をもっているかどうかです。自分はこのようにして生きる、自分が生きる意味はこれだ。言い換えれば自分自身の生きざまがしっかり見えている人。そういう人が真に強い人だと思うのです。

それでは信念とは何か。それは、決して揺らぐことのない自分自身の心だと思います。

たとえば、あなたは何のために仕事をしているのですか？　と問われたとします。「将来の安定した生活を得るためだ」「仕事を通して自己実現するためだ」こんな答えが返ってくることでしょう。

これらも仕事の目的としては大事かもしれません。そのことは否定しませんが、その目的が果たして信念といえるでしょうか。「蓄えをすること」「自己実現をすること」これらは揺るぎない信念とは言えません。

なぜならば、それらは常にうつろいでいくからです。

もし、お金を稼ぐことだけが信念ならば、稼げなくなったら生きる意味がなくなります。将来の安定という信念など、自然災害がくれば途端に失ってしまいます。仕事の自己実現だけにとらわれていると、会社が倒産すればそれで終わり。

本当の意味での信念とは、何が起きようと揺るがないもの。常に自身の人生の柱となるようなもの。そういうものでなくてはなりません。

人の心の中には、「常に揺らぐ心」と「何があっても揺るがない心」が同居しています。たとえば、一年前まではこういう仕事がしたいと思っていたのに、もう別の仕事に目が行ってしまう。ついこの前までは出世など興味がないと思っていたのに、出世した同僚の姿を見て羨ましく思う。あるいはお金なんて最低限あればいいと思っていたのに、急にもっとたくさん欲しくなる。他人と比べるたびに心が揺れ動く。それが人間の弱さというものです。

その弱さすべてを取り除くことなどできません。しかし、弱さが顔を出したとき、それに対抗してくれるのが**「揺るがない信念」**なのです。生きる上での一本の芯。それを身につけることで、人は強く生きることができる。揺るがない自信をもつことができるのです。

その一本の芯とは何か。**それは誰かを幸せにすること**です。

人はけっして一人では生きてはゆけない。多くの人と関係し、優しさや思いやりを分かち合い、互いに感謝し合いながら生きていく。それこそが人間にとって最も幸せなことです。

何のために仕事をしているのか。答えは一つ。それは、**仕事というものを通して人とかかわるため**です。

対価のことなど考えずに、人から「ありがとう」と言われるために何かをする。その感謝の言葉に、幾ばくかのお金というものがくっついているだけ。それが仕事なのです。自分のできるかかわり方を見つけ、その場所で一所懸命に誰かに尽くすこと。その揺るぎない信念をもつことで、人は強くなっていくのです。

47

Q グローバル化に向けて、何かすべきでしょうか

A 相手のいい点ばかり見ず、自分のいい点も見る

●自分の長所が分かっていますか

戦後日本は、米国型の文化や価値観を積極的に導入してきました。その結果として経済成長があったことは否めませんが、現代はそれを見直す時期だと思います。

米国人と日本人の考え方には、多くの違いがあります。

たとえばお金に対しても、彼らはどんどん使うという考えです。お金が実際になくとも、カードを使用してでも物を買う。それが経済を活性化させるのだという考えです。

これに対し、日本人は将来のために貯金をすることを好みます。無駄な物を買わず、欲望を抑えることが美徳だという考え方です。

仕事にしても、米国人は転職することを厭いません。好条件なら会社を移るのは当然のことですし、リストラされても深刻になりません。

これに対し、日本人は一つの会社や仕事にこだわりをもつようです。かなり流動的になった現代でも、できれば一生勤められる会社に就職したいといった傾向がまだ強い。

移動することが得意な米国人と、一か所にとどまるのを好む日本人。おそらく狩猟民族と農耕民族の違いが歴然とあるのでしょう。

あるとき米国でタクシーに乗りましたが、運転手はハーバード大卒の方でした。やりたい仕事に就くまで、それで生活費を稼いでいるのだとか。そのことを別に何とも感じておらず自分のやりたいことをやるためには当然だと思っている。

こういった強さは、日本人にはないものでしょう。

日本人は**一つのことを深く掘り下げるのが得意**です。それは世界に誇る物づくりの原点にもなった。ただ、掘り下げることは得意ですが、どうしても発想が外部に向かないという点もあります。

たとえば携帯電話。素晴らしく多機能な携帯電話が国内にはあふれていました。ところが機能が多くて使いこなせる人がいなかった。これがよく言われる「ガラパゴス化現象」の原因にもなったのです。

この点、日本人ほどこだわりをもたない米国人は、コンピューター会社であっても通信機器をつくってしまった。爆発的に普及した、アップル社のアイフォーンがそれです。通信業界のものは通信業界にまかせておく、他の業種がやるべきことではない。こうした考えにとらわれていた日本企業は、足元をすくわれた形になったのです。

だからといって米国型の発想がすべて優れているということでもありません。日本人の深く追求する気質が、「痛みを感じない注射針」などの奇跡的な製品を生み出してもいます。

日本には日本にしかない長所が必ずある。その長所に再び目を向ける時代だと思います。

グローバル化の中で戦うには、米国の真似をしても勝ち目はありません。一つの物を深く追求していく。こういう日本人のいい部分を放棄すべきではないのです。

物事には必ず表裏の両面があります。どちらか一方だけを見てはいけない。大切なことは、**物事自体を変えようとするのでなく、自らの視点を変えること**です。他国のいい部分ばかりを見ず、裏側の危険性にも目を向ける。日本人にない部分ばかりを見るのではなく、本来もっている良さをしっかりと見つめる。これは他と比較しないという禅的な発想でもあります。

グローバル化というのは、じつは自国を見つめ直すことだと私は思います。

48

Q マンネリの毎日に嫌気がさしています

A お参りに出かけ、「お蔭さま」の気持ちを持つ

●仕事にマンネリなどない

朝起きて、朝食も食べずに家を出る。眠たい目をこすりつつ駅へ向かい満員電車に揺られる。そうして会社に着く頃にはもうヘトヘトで、デスクには昨日やり残した仕事が山積みになっている。

「はあーっ」と、ため息混じりで仕事にかかる。あっという間にお昼の時間。コンビニのおにぎりを食べながら、目はパソコンから離れない。終業時間のチャイムは無意味で、今日もまた残業。ようやく家に帰り、シャワーで済ませ、そのまま床に入る。数時間も

すれば、また朝がやってくる。

「こんな生活がいつまで続くのだろうか」「こんな人生で自分は終わってしまうのか」

こんな思いがふと頭をよぎるときがあるでしょう。

忙しいビジネスマンならば、大抵の方がこんな思いに駆られるのかもしれません。

たとえ好きで入った会社だとしても、延々と続く日常の中にはさまざまな悩みや葛藤が生まれてきます。

初めのうちは、どんな仕事も刺激的で、ワクワクした気分を味わうことができます。

この充実感は、ずっと続くに違いない。誰もがそう信じることでしょう。ところが人は慣れるという性質をもっている。

ひと月前に始めた新たな仕事。あれほどワクワクした仕事は、いまや何の刺激もないものになっています。

何をすればどうなるか。それがつかめた瞬間から人は仕事に慣れを感じるものです。

いわゆるマンネリというもの。

このマンネリは、とかくマイナスに思われがちですが、それは違います。その理由は2つあり、一つは、マンネリだと感じるのは、自分の力量が上がっているということ。

1日かかっていた仕事が、2時間でできる。それは成長以外の何ものでもありません。

もう一つは、仕事にマンネリは存在しないということ。同じように見えたとしても、まるで同じ仕事というのはありません。仕事がマンネリになるのではなく、仕事への取り組みがマンネリ化しているだけ。

結局は毎日同じような生活をしていると自分自身が勝手に思い込んでいるだけなのです。

昨日という日と、今日という日は、まったく別の日であることを知ることです。

「こんな生活を続けていていいのだろうか」こんな悩みも自分で勝手に生みだしているものにすぎません。つまりは悩む必要などまったくない悩みなのです。ときにはこうした悩みが顔を出すこともあるでしょう。そんなとき私は、**お参りすること**をお勧めします。

お墓参りでもいい、お寺、神社でもいい。通勤途中に見つけたお地蔵様でもいいのです。ほんの数分でいいですから、静かに手を合わせ、ご先祖様に感謝をすることです。

「お蔭さま」という言葉があります。この「蔭」というのはご先祖様のように、これまで出会ったこともない人々のことをさします。

会ったこともないたくさんのご先祖様が、目に見えない蔭のような形で自分を守ってくれている。こうして生きて毎日仕事をしていられるのも、すべてご先祖様のお蔭だという思いをもつことです。

「こんな生活は嫌だ」と愚痴をこぼすよりは、生きていられるという素晴らしい体験をさせてくれた、たくさんの先人たちの「お蔭さま」に思いを馳せるべきです。

お参りは、そのことに気づかせてくれるのです。

49

Q 頑張ったのに成果が出ませんでした

A 「大丈夫。何とかなるさ」と口に出してみる

問うべきは、必死になったかどうかだけでいい

何かに一所懸命取り組み、結果として失敗に終わる。そのとき人は、どうしてもその結果にこだわりがちです。

しかし、禅的な考え方でいえば、**成功も失敗も、じつは同じことなのです**。成功すればそれでよし、失敗してもまたそれでいい。

どちらも同じで、大切な自分の経験となる。つまりは、成功も失敗も、どちらであってもプラスマイナスがないのです。ですから失敗したとしても、反省して前に進むだけ

です。

ただし、どちらの結果であっても涙が出るくらいの努力がなければいけない。一所懸命努力をし、成功しようが失敗しようが、それぞれ嬉し涙、悔し涙が出てくるくらい頑張る。その涙の中にこそ、人生の真実がある気がします。

中途半端だったり、斜に構えて取り組んだのであれば、涙など出てきません。成功したとしても、その成功が人生の肥料になることもない。**必死になって努力する姿勢こそが、幸せへとつながっていくのです。**

もちろん失敗したら、なぜ失敗したかを反省する。失敗を放っておけば、再び同じことを繰り返してしまう。これでは失敗が財産にはなりません。

禅でいうところの反省とは、けっして自己を否定することではありません。自分を批判して追い詰めることではない。努力が足りなかったと悔やむのはよいけれど、必要以上に自分自身を追い詰めてはいけません。

反省するのはよいけれど、一所懸命努力をした、その気持ちまでも否定してはいけないのです。

生真面目な人ほど、自分を責めますが、それは心を病む引き金にもなりかねません。

そんなことはする必要がないのです。反省と自己批判をすることは、根本的に違うものであることを知っておいてください。

「割鏡不照（かっきょうふしょう）」という禅語があります。読んで字のごとく、「割れてしまった鏡は、二度と周りを照らすことはない」という意味です。転じて言うと、**「済んでしまったことはくよくよしても仕方がない。そんな暇があるのなら、その力を前向きに使うことが大切である」**ということ。

まさにこの言葉どおりです。成功すれば嬉しいでしょうが、いつまでも喜びに浸っていないで、次に歩を進める。

失敗すれば悔しいでしょうが、後悔ばかりせず、しっかりと反省したら、そのことを忘れ、前を向く。過去ではなく「いま」という時間を生きることです。

くよくよと悩んでいる人に私はよく言います。

「大丈夫。何とかなるさ」「済んでしまったことは仕方がない。もう忘れてしまおう」と。

みなさんも実際にこんな言葉を口にしてみてください。心で思っているだけでなく実際に口に出すのです。

不思議と、そう発した瞬間に、心は前向きになるものです。このことは脳科学の分野でも実証されているそうです。

「大丈夫だ」と言葉にすることで、脳の回路がプラス思考になっていく。脳がプラス思考になることで、実際に心身に力が湧いてくるということです。

「失敗をしてしまった。もう私の会社人生は終わりだ」と嘆く人もいるでしょう。しかし、冷静になってみてください。そんな致命的な大きな失敗は果たして存在するでしょうか。悪いことをすれば別ですが、人生を左右するような失敗など滅多にありません。

失敗の一つや二つ、「大丈夫。何とかなるさ」ですよ。

Q

人生の意義が見出せません

A

人生の意味は一生をかけて探すもの

●人生の真理は身の回りにある

仕事とは何か？　生きるとは？　そして自分とは何者なのか？　その答えを知りたくなるときが誰にでもあります。

しかし、この問いに対する明確な答えは、どんな高僧といえども提示できません。なぜならそれは、自分自身、つまりはあなたが見つけていくしかないからです。

この世の真理。それは遠い世界にあるものではありません。じつは身の回りの至るとこ

ろに存在しています。

たとえば周りの自然に目を向けてみる。春になれば草花は芽吹き、やがて美しい花を咲かせます。これは人間の力では絶対に咲かせることはできない。雨が降り、雷が鳴り、地面が大きく揺れる。これらも科学や数字によってコントロールできるものではありません。そこには大宇宙の真理というものが存在しています。

そうした自然の真理に接することで、人類はこれまで自己のあり方や生き方のヒントを見つけてきました。

ところが現代人は、どんどん自然から遠ざかってしまった。都市部では、多くの人がコンクリートの中で生活し、無機質なオフィスで仕事をしています。やがて神経がすり切れ、人生の方向性も見失っていく。私は別に大袈裟に言っているのではありません。こういったことは、現代人が抱える大きな問題の一つなのです。

日本ばかりでなく、欧米やアジア諸国から「禅の庭」を造ってほしいという依頼が急増しています。ビルの谷間、社内の吹き抜け、あるいは屋上などに、たくさんの庭を私はデザインしてきました。

経済的な考えからすれば、それらお金を生まない庭などは無駄でしかないはず。

しかし、**人はまったく無駄がない環境の中では生きていけない**のです。それは自動車のハンドルに「遊び」が必要なのと同じで、それがないと我々も生きにくいのです。

マンションの間などによく見かける、雑草が伸び放題で、石ころだらけのぽっかりとある空き地。こういう場所はまったくの無駄でしょうか。確かに経済的な利益を生んだりはしないかもしれません。

しかし、たとえ一人でもその空地に咲く花を見て癒やされたのなら、その場所は素晴らしい存在としてその人には映るものです。

私が「禅の庭」のデザインを手掛け、世界中を駆け回っているのは、禅の庭の素晴らしさをアピールするためではありません。もちろん禅的な考え方を押し付けるためでもない。

自分自身を取り戻す場所。自分の生き方や人生を振り返り、静かに自問自答する場所を多くの人に提供したい、ただそれだけの思いで庭を造っているのです。

忙しさに飲み込まれる毎日。ふと足を止めれば、そこに小さな庭が設けてある。石と砂と草木を何とはなしに見つめながら、「よく分からないけど、心地よい場所だな」と感じてもらえる。ほんの数分だけ、ぼーっとした時を過ごす。そうすることで大切なことに気がつく。

それは**「自分は自身の力で生きているのではなく、草木と同じように、生かされているんだ」**ということです。

そこに心が到達したとき、ほんの少しですが人生の答えが見えてくるのです。

人生とは何か。生きるとは何か。その答えはみんなが知りたいものです。しかしそれは、一生をかけて探し続けるしかない。

言い方を変えれば、その答えを探すことそのものが人生なのです。

参考文献

・『きょうの杖言葉 一日一言』松原泰道　海竜社
・『禅、シンプル生活のすすめ』枡野俊明　三笠書房
・『人生が豊かになる 禅、シンプル片づけ術』枡野俊明　河出書房新社
・『禅的シンプル仕事術』枡野俊明　実業之日本社
・『そのままで 心を楽にする禅の言葉』枡野俊明　朝日新聞出版
・『禅の言葉 シンプルに生きるコツ』枡野俊明　大和書房
・『心が晴れる禅の言葉』赤根祥道　中経出版
・『スティーブ・ジョブズ全発言』桑原晃弥　ＰＨＰ研究所

著者略歴

枡野 俊明（ますの・しゅんみょう）

1953年、神奈川県生まれ。曹洞宗徳雄山建功寺住職、庭園デザイナー、多摩美術大学名誉教授。大学卒業後、大本山總持寺で修行。禅の思想と日本の伝統文化に根ざした「禅の庭」の創作活動を行ない、国内外から高い評価を得る。芸術選奨文部大臣新人賞を庭園デザイナーとして初受賞。ドイツ連邦共和国功労勲章功労十字小綬章を受章。また、2006年「ニューズウィーク」誌日本版にて「世界が尊敬する日本人100人」にも選出される。近年は執筆や講演活動も積極的に行なう。

人にも自分にも振り回されない 動じない心のつくり方

2024年3月9日　初版第1刷発行

著　者　枡野 俊明
発行者　小川 淳
発行所　SBクリエイティブ株式会社
〒105-0001　東京都港区虎ノ門2-2-1

ブックデザイン　Isshiki
編集協力　網中裕之・長谷川千美
印刷·製本　中央精版印刷株式会社

本書をお読みになったご意見・ご感想を
下記URL、またはQRコードよりお寄せください。

https://isbn2.sbcr.jp/25115/

落丁本、乱丁本は小社営業部にてお取り替えいたします。定価はカバーに記載されております。本書の内容に関するご質問等は、小社学芸書籍編集部まで必ず書面にてご連絡いただきますようお願いいたします。

ISBN978-4-8156-2511-5